筑基铸魂　示范引领

——中国石油大学(北京)地球科学学院先进集体及优秀个人事迹集

王贵文　周学智　主编

中国石化出版社

图书在版编目（CIP）数据

筑基铸魂，示范引领：中国石油大学（北京）地球科学学院先进集体及优秀个人事迹集／王贵文，周学智主编. —北京：中国石化出版社，2021.3
ISBN 978-7-5114-6100-1

Ⅰ.①筑… Ⅱ.①王… ②周… Ⅲ.①中国共产党-中国石油大学-党的建设-案例 Ⅳ.①D267.6

中国版本图书馆 CIP 数据核字（2021）第 033097 号

中国石化出版社出版发行
地址：北京市东城区安定门外大街 58 号
邮编：100011　电话：(010)57512500
发行部电话：(010)57512575
http://www.sinopec-press.com
E-mail:press@sinopec.com
北京柏力行彩印有限公司印刷
全国各地新华书店经销
*
710×1000 毫米 16 开本 12 印张 196 千字
2021 年 6 月第 1 版　2021 年 6 月第 1 次印刷
定价：60.00 元

编 委 会

序

——让党旗高高飘扬在事业发展第一线

习近平总书记在党的十九大报告中指出，要把基层党组织建设成为宣传党的主张、贯彻党的决定、领导基层治理、团结动员群众、推动改革发展的坚强战斗堡垒。如何有效破解基层党建“上热中温下冷”难题，推动党建和业务深入融合，是当前高校党建工作普遍面临的重要问题。近年来，作为“全国党建工作标杆院系”“全国高校三全育人综合改革试点学院”，中国石油大学(北京)地球科学学院深入学习贯彻习近平新时代中国特色社会主义思想，坚持以党的政治建设为统领，充分发挥基层党组织的战斗堡垒作用和共产党员的先锋模范作用，涌现出了一大批先进基层党组织和优秀共产党员，既为学院改革发展稳定做出了突出贡献、提供了坚强保证，也为高校基层党建工作的创新探索提供了一批鲜活生动的案例。

这本《筑基铸魂 示范引领——中国石油大学(北京)地球科学学院先进集体及优秀个人事迹集》，汇集了诸多集体和个人的先进事迹和感人故事，集中体现了学院先进基层党组织和优秀共产党员的典型经验和时代风貌。他们始终坚定正确的政治方向，引领师生增强“四个意识”，坚定“四个自信”，做到“两个维护”；他们坚决将党的领导贯穿到基层治理和教书育人的全过程，不断增强基层党组织的政治功能；他们牢固树立人才培养的核心地位，始终牢记“为党育人，为国育才”的初心使命。他们中有的在平凡岗位上默默奉献，有的在潜心教学中孜孜求索，有的在国之重器建设中做出重大贡献，有的在科研攻关项目上实现重大突破。可以说，这本书既是新时代高校基层党组织和共产党员勇于担当、砥砺奋进的微观写照，也为促进全国党建工作标杆院系相互学习交流提供了一些经验参考，对于加强和改进新时期高校基层党建工作具有一定的借鉴意义。

今年是中国共产党成立100周年，也是“十四五”规划开局之年，我们将开启高质量教育发展新阶段，面对新形势、新任务，希望全校各级党组织和广大党员以这些先进集体和优秀个人为榜样，履职尽责创先进、立足岗位争优秀，团结带领全校师生为建设“石油石化学科领域世界一流的研究型大学”而努力工作，也恳请全国高校同仁多提宝贵意见和建议，共同为不断提升高校党建质量，办好中国特色社会主义大学而不懈奋斗。

陳峰

目　　录

鲜红的旗帜，坚定的堡垒——先进集体事迹选编

育人的信仰，奉献的情怀——优秀教师事迹选编

火热的青春，奋斗的足迹——优秀学生事迹选编

鲜红的旗帜，坚定的堡垒

——先进集体事迹选编

凝聚师生共同愿景 铸就“五到位”党建工作标杆院系

——记全国党建工作标杆院系中国石油大学(北京)地球科学学院

中国石油大学(北京)地球科学学院(以下简称地学院)现有党支部33个，其中教师党支部4个，学生党支部29个。学院共有正式党员630人，预备党员113人，其中本科生党员64名，占本科生总数12.1%，研究生党员469名，占研究生总数51.9%；共有教工党员97名，其中正高职称中党员比例为93.7%，副高及以上职称教师中党员比例为95.4%。学院党委组织健全，设有书记1名，专职副书记1名，党委委员7名，党务秘书1名。

地学院始成立于1953年，现有教职工120人，其中教授47人、副教授53人。师资队伍中，包括中国科学院院士1人、国家杰出青年基金获得者1人、长江学者奖励计划特聘教授2人、国家重点基础研究发展计划(973计划)项目首席科学家1人、“国家百千万人才工程”人选2人、国家“万人计划”青年拔尖人才1人、国家级教学名师1人、李四光地质科学奖获得者4人、全国优秀教师2人、北京市教学名师8人、教育部新世纪优秀人才计划入选者6人、孙越崎科技教育基金能源大奖获得者2人、中国青年科技奖2人、黄汲清青年地质科学技术奖2人、中国地质学会青年科技奖获得者10人。

在68年的办学过程中，地学院始终秉承“为祖国加油，为民族争气”的奋斗精神，始终服务国家重大能源需求，组织师生参与了大庆石油会战、胜利油田会战、塔里木油田会战等国家重大攻关项目，为新中国石油工业的发展做出了重要贡献。地学院紧紧围绕为党育人、为国育才的使命，紧扣立德树人的根本任务，形成了“艰苦奋斗、开拓创新”的优良传统，培养了“改革先锋”王启民等一大批杰出校友，为国家输送万余名高层次的油气勘探与开发人才。

地学院党委始终坚定不移贯彻党的教育方针。党的十八大以来，坚持深入学习贯彻落实习近平新时代中国特色社会主义思想，坚决落实全国高校思想政治工作会议精神，从工作实际出发，团结带领全院师生，以“服务为本，学习为先，堡垒为基”为出发点，围绕中心，服务大局，用实际行动践行共产党人的初心和使命，切实发挥学院基层党支部的战斗堡垒作用以及党员的先锋模范作用，不断提升基层党组织的建设质量，推动实现地学院党委获评北京高校先进基层党组织(2014 年)、北京市先进基层党组织(2016 年)、全国党建工作标杆院系(2020 年)；教育部三全育人综合改革试点学院(2019 年)；盆地与油藏研究中心教工党支部获评北京高校先进基层党组织(2017 年)、全国党建工作样板支部(2018 年)；油气勘探与开发系教工党支部获评北京高校先进基层党组织(2020 年)、北京市工人先锋号(2019 年)。

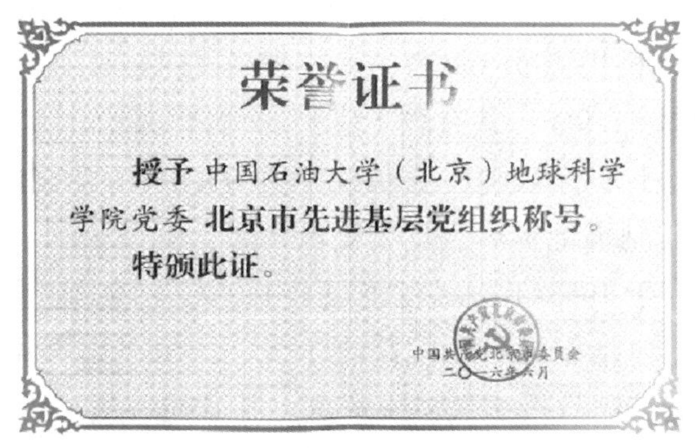
荣誉证书

授予中国石油大学（北京）地球科学学院党委北京市先进基层党组织称号。

特颁此证。

地学院党委 2016 年获评北京市先进基层党组织

组织领导和运行机制到位

学院党委高举中国特色社会主义伟大旗帜，以习近平新时代中国特色社会主义思想为指导，不断加强党的政治建设，不断增强学院师生的“四个意识”，坚定“四个自信”，做到“两个维护”，始终在思想上、政治上、行动上与以习近平同志为核心的党中央保持高度一致。

学院党委加强党的领导，充分发挥党组织的政治核心作用，严格落实党建工作主体责任制，按照学校党委《关于坚持和完善学院党委会议和党政联席会议制度的意见》《地球科学学院党政联席会议议事规则》《地球科学学院党委会会议议事规则》和《中国石油大学(北京)地球科学学院系务会工作制度》等相关规章制度开展工作，充分发挥党委对“三重一大”事项的把关作用，将上级党组织的决策部署落实到学院事业发展方方面面，引领学院“一流学科”建设全面发展。

政治把关作用到位

学院党委严格落实意识形态工作责任机制，专项制定《中国石油大学（北京）地球科学学院意识形态工作制度》，明确意识形态工作责任落实到岗到人。在教师引进、课程建设、教材选用、学术活动等重大问题上坚决把好政治关，确保学院事业发展正确的政治立场、政治方向。学院党委每学期组织专题研讨意识形态，对学院意识形态工作进行研判，最大限度地避免发生意识形态等方面的倾向性、苗头性问题。

学院党委不断强化师德师风建设，成立地学院师德师风领导小组，起草制定《中国石油大学（北京）地球科学学院师德师风工作制度》《中国石油大学（北京）地球科学学院师德师风负面清单》，保障课堂教学讲授有底线，确保课堂讲授有规矩。

学院党委严把新闻宣传阵地管理，不断发挥新媒体宣传价值的引领作用，坚决落实党管媒体的基本原则，专门制定《地球科学学院新闻宣传审批制度》，安排专人负责学院网站、微信、微博等新媒体平台的管理。在报告会、研讨会、论坛审批中，学院党委严格按照学校党委《形势报告会和哲学社会科学报告会、研讨会、讲座审批制度》，落实“一会一报，一事一报”审批制度，确保校园文化宣传的正确政治方向。学院党委不断强化对各系（中心）教学科研单位和学生社团的引导，强化顶层设计，抓稳抓牢基层组织建设，为每一个学生社团配备一名指导教师。学院党委每学期统筹研究课堂教学、科研发展、对外交流等工作，建立少数民族学生、重点关注学生台账，力求全面降低各种可能存在的风险，确保学院学生工作稳定全面发展。

思想政治工作到位

学院党委每学期认真制定《中国石油大学（北京）地球科学学院党委中心组理论学习计划》，不断提升领导班子政治素养和理论水平，为学院发展提供强有力的思想保障。学院党委严格落实每月组织生活学习计划。学院党委书记、院长向新发展党员、毕业生党员讲党课、开展形势政策教育，全面强化党员日常理论学习制度和师生理想信念教育。学院党委全面推进“三全育人”综合改革试点工作，结合油田一线特色推动思政工作，建设“课程思政”实践基地。积极组织教师申报“课程思政”相关教改项目，创新“课程思政”理论新体系。每年暑期结合京西普通地质实习、辽宁兴城综合地质实习等进行相关现场教学，建立野外临时党支部，充分利用当地红色教育资源，开展支部共建活动，将党建与学业相结合，切实加深学生对党建和专业学习的理解程度，培养新时代石油工业接班人。学院党委围绕立德树人根本任务，充分发挥三方联动优势(高校、企业、社会)，搭建实践育人新平台。通过学生党支部红色“1+1”共建活动、暑期社会实践活动等实践育人活动项目的开展，让青年学生能够在实践中得到锻炼，增长才干。学院党委每学期组织青年学生前往宁夏、大凉山等重点扶贫地区实地开展社会实践活动，深入贫困地区践行“青春服务国家”誓言，用青春书写壮丽的时代篇章，实现青年的“爱国志、报国行”。近三年，学院共有 6 支团队入选团中央专项，获评国家级优秀社会实践团队 1 项，北京市级优秀社会实践团队 7 项。学院党委每年组织开展青年教师学习“习近平新时代中国特色社会主义思想”的培训班，带领青年教师前往革命老区开展红色专题教育，让青年教师实地接受革命教育，聆听红色历史，坚定信仰初心。

地学院党委在野外地质实习期间建立野外临时党支部开展共建活动

基层组织制度到位

学院党委严格按照《中国石油大学(北京)地球科学学院院领导联系基层党支部制度》部署，一位院领导联系一个教师党支部和一个学生党支部，确保进一步抓稳抓牢基层党组织建设，充分发挥党支部战斗堡垒作用。学院党委不断探索创新，结合科研方向，对教师党支部进行相应划分，依托研究方向和学科特点建立教师党支部，充分发挥党支部在教学科研各个方面的政治领导能力。学生党支部建设方面，学院党委经过四年探索，已建立一套完整的基于学科方向构建的研究生党支部设置模式，通过细化专业类型，跨越硕士类型，深入融合党班团一体化建设，全方位提升学生党支部的活力和治理效能。学院党委严格落实“三会一课”制度，建立健全党支部工作考核制度，完善责任清单，细化责任体系，自 2012 年以来坚持开展支部书记年度述职评议工作，并不定期开展督促检查，全面促进党支部日常工作的质量，取得了良好的工作成效。

学院党委安排专职党务秘书严格管理党员日常学习实践活动，规范党费收缴管理，坚决做好组织关系管理和党内统计工作，制定学院党务公开目录，确保党务工作可视化、透明化。学院党委在新形势下结合学院工作实际，制定了《中国石油大学(北京)地球科学学院党员组织生活考勤制度》，全面推进“两学一做”学习教育常态化、制度化。

学院党委根据上级党组织要求认真履行教师党支部书记“双带头人”培育责任，按照流程开展教师党支部换届工作，明确教师支部书记的待遇，制定相应培养办法、激励机制等各项配套制度。为进一步提升学生党支部活力建设，学院党委着重从优秀辅导员、优秀大学生中选拔本科生党支部书记，选聘优秀青年教师党员作为研究生党支部思想指导老师，发挥党员先锋模范作用，以点带面推进学生党建工作开展。

学院党委在发展党员工作中，坚持把政治标准放在首位，每年年初专项制定发展党员计划，细化年度教师党员发展工作安排，进一步规范教师党员发展工作流程，切实做好青年教师党员培养发展工作。学院党委书记、教师党支部书记联系青年教师积极分子实现常态化，主动帮助引导他们向党组织靠拢，在高层次领军人才、优秀青年教师中培养入党积极分子成效显著。

推动改革发展到位

近年来学院党委持续推进学院各项工作改革创新，在“一流学科”建设上取得显著成果，2017 年地质资源与地质工程专业在学科评估中获评 A+学科，地球科学 ESI 排名全球前 1%。学院党委积极响应国家加大勘探开发力度的号召，进一步完善学院专业体系，2019 年本科开始设立地质学专业，为服务国家能源战略全方位输送人才。“十三五”期间，学院共获评国家科技进步一等奖 2 项、国家科技进步二等奖 2 项，国家级教学成果奖 2 项，获批国家自然科学基金 66 项，承担国家级项目 119 项，为服务国家能源战略安全提供了强有力的保障。学院党委全面深化群团改革，优化学生社团设置，创建了新型综合类社团“中国石油大学(北京)地球科学学院青年汇”，建立青年之家，为学生提供了沉浸式、体验式共青团交流场所，让“地学蓝”和“团学红”交相辉映，全面提升学生对团学工作的认识，增强学生对地学的认同，强化学生价值引领。

近年来，学院实现教工支部北京市级表彰大满贯，学科建设成绩斐然。同时，优秀青年人才崭露头角，“十三五”期间涌现出 3 位“四青”人才、1 位北京市教学名师、3 位北京市青年教学名师、6 位校优秀青年学者、10 位校青年拔尖人才。科研平台国内外一流，2018 年成立 AAPG-CUP 联合研究中心，2019 年学校与中国石油签订全面战略合作协议，与中国石油西南油气田分公司联合成立四川盆地(构造演化与成藏)研究中心，2020 年成立“油气地质大数据研究所”，2020 年获批“深层-超深层油气成藏理论”学科创新引智基地。科研水平显著提升，获国家科技进步奖 4 项(3 项)；获省部级(包括行业协会)科技奖励 39 项(30 项)，其中以第一完成单位获一等奖 13 项(4 项)；发表学术论文 1675 篇(1608 篇)，其中 SCI 论文 811 篇(国外 SCI 论文 757 篇)(三大检索 596 篇)，JCR 一、二区论文 281 篇；授权发明专利和实用新型专利 109 项(23 项)，授权软件著作权 47 项(5 项)。专业和课程建设全国领先，2017 年资源勘查工程专业顺利通过全国工程教育专业复审认证，是全国同类专业第二个通过该认证的专业，2019 年资源勘查工程专业入选国家级一流本科专业建设，2020 年《油气资源勘查工程》获北京高校本科育人团队，2020 年，沉积岩石学和油矿地质学评为全国一流课程等。教师教学能力全国知名，1 名教师获美国 AAPG 穆雷杰出教育家奖，1 名教师获李四光地质科学奖教师奖，多名教师在北京高校青年教师教学比赛获奖，1 名教师获中国地质学会地质教育分会青年教师比赛一等奖等。

此外，在学生工作方面，学院树立一流学生工作理念，开创一流学生工作格局，打造一流学生工作队伍，构建一流学生工作文化，开展一流学生工作研究，实现一流学生工作成果。完成“十大育人体系”的系统建构，将学科文化融入学生工作全过程。学生工作、团委工作稳居学校前三，多次考核排名第一。校优秀辅导员获奖人数连续四年第一，连续多年包揽各年级考核第一。五年平均就业率在 95%以上，本科生深造率保持 60%（全校第一）。扎实的学生工作也让学生成绩斐然，近年来研究生学术水平大幅提高，2020 年研究生发表国际 SCI 文章总数为 2015 年的 4 倍，二区以上高水平文章为 2015 年的 10 倍；获 AAPG 助研金资助连续两年排全球高校第一，多人二次获得资助。研究生教学奖喜获“大满贯”，包括国家教学成果二等奖 1 项、北京市教学成果一等奖 1 项、中国学位与研究生教育学会教育成果二等奖、中国石油教育学会教学成果特等奖、校级教学成果一等奖 4 项。

树立一流学生工作理念，开创一流学生工作格局，构建一流学生工作“5G”文化

审稿人：周学智

党建带教研 “双创”促发展

——记全国党建工作样板党支部
中国石油大学（北京）地球科学学院
盆地与油藏研究中心党支部

中国石油大学（北京）地球科学学院盆地与油藏研究中心党支部成立于1993年，现有正式党员33名，其中具有高级职称党员22名，占67%。党支部组织健全，支委会由5名教师组成，其中刘小平为支部书记，李美俊为支部副书记，师生宝为组织委员，胡涛为宣传委员，朱传庆为纪检委员。支部在工作中紧扣学习贯彻习近平新时代中国特色社会主义思想这条主线，深入贯彻落实全国高校思想政治工作会议精神，紧紧围绕“着力发挥政治引领作用，规范党支部建设，团结凝聚师生，促进中心工作全面发展”的工作思路，搭建各类平台，充分发挥党员先锋模范作用，涌现出了一批优秀教师党员代表，支部被评为2017年北京高校先进基层党组织和2015—2017学年学校先进党支部，2018年入选首批全国党建工作样板支部，2020年通过验收。

加强对支部成员的思想政治教育工作，着力发挥政治引领作用

支部通过建立多种形式的教育模式，加强对支部成员的思想政治教育工作，着力发挥政治引领作用。支部将理论学习和实践活动作为党建及思想建设的主渠道，从源头上强化教师的政治意识和学习意识。支部在每个月第1周的周四下午定期举行党员集体学习活动。每次开会前

党支部成员赴井岗山开展“不忘初心，牢记使命”主题教育活动

支部都会根据要求精心安排学习主题，支部成员在会上畅所欲言，积极表达自己的学习体会。严格实施考勤和缺勤补学等制度，党员如实记录学习情况。通过集中学习和自学，对习近平新时代中国特色社会主义思想和国家各项方针政策等有了更新、更深入的理解，对提升集体凝聚力也有很好的促进作用。支部还走出去组织主题党日活动，组织参观天津蓟县盘山烈士陵园、卢沟桥和中国人民抗日战争纪念馆等红色教育基地，通过实践的方式让支部成员接受深刻的爱国主义教育，有助于大家在今后的教学科研工作中学以致用，充分贯彻党中央对教师队伍的各项要求。

规范支部日常管理制度和考评机制，加强党支部规范化建设

紧密结合支部的实际情况，建立健全支部日常管理制度和考评机制。每年年初，支委会讨论决定年度理论学习和实践活动计划，严格落实“三会一课”、民主评议等制度，制订支部合格党员行为规范等规章制度。建立支部书记年度述职评议考核制度，以支部工作成效和群众评价为重点进行考核，年底对支部书记、支委和党员发挥作用进行满意度测评，并把测评结果作为评先、评优和奖励表彰的重要依据。

师生支部共同开展“支部书记讲党课”活动

支部每年开展1次专题组织生活会和党员民主评议工作，督促支部成员对照党员标准和联系个人实际进行党性分析，开展自评和互评，并在群众中进行满意度测评，将评议结果及时反馈给个人，有助于支部成员在第一时间改进自身不足。

团结凝聚师生，发挥党员先锋模范作用

经过20多年的发展，中心已拥有一批具有丰富教研经验，在石油行业取

得突出成果的教师，支部灵活采用各种方法，以充分发挥他们的“传帮带”作用。例如组织经验丰富的教师为大家解答撰写国家基金申请书时遇到的各种问题及困惑，并针对具体问题提出修改意见，取得了良好效果。近五年来，中心教师共承担了1项国家自然科学基金杰出青年基金项目，3项重点项目和20余项面上项目。另外，针对青年教师在教学和科研等方面面临的压力，以及在个人长远发展方面遇到的困惑，支部采用“一加一，结对子”的方式，为他们配备了具有丰富教学与科研经验的业务导师和思想导师。导师们结合自身经历与青年教师进行深入谈心，帮助他们制定发展规划，解答人生困惑，从教学、科研和人文素养等多方面帮助他们稳步成长，让他们得到切合自己实际的良好发展。如青年教师余一欣、姜福杰、罗情勇等在各位导师的悉心指导下进步显著，已成为学校的教学和科研骨干。近三年中心青年教师中有1人入选中共中央组织部“万人计划——青年拔尖人才”，3人入选学校优秀青年学者和青年拔尖人才计划，8人次获得北京市级和校级各类教学荣誉称号。

盆地与油藏研究中心举办研究生学术论坛

支部积极探索和创新党员实践活动形式，开展了各类特色党员实践活动。支部多次组织党员赴昌平流村中学开展“服务社会行”，为200余名师生讲解了石油科普知识，全力助力乡村振兴，扶持乡村基础学科教育，激发青少年对自然科学的兴趣，得到流村中学全体师生的广泛好评。积极组织支部成员为昌平儿童福利院捐款捐物，构建爱心帮扶基地，形成常规化、正规化长效帮扶机制，共为福利院儿童捐赠了总价值8000余元的图书、文具、生活用品等。同时积极动员支部成员参加“1+1”资助、特殊党费、爱心捐款和捐物、“奉送爱心粥”公益活动、云南南华县定点扶贫和一对一助学帮扶等工作，充分发挥了党支部的战斗堡垒作用和党员的先锋模范作用，在全校师生和社会中取得了良好声誉。

以党建促教学和科研，促进学校中心工作全面发展

促进教学和科研水平的提高是教师党支部工作的出发点和落脚点。支部积极主动服务国家能源战略需求，组织教师党员以“油气成藏机理研究”为主要攻关方向，积极参与国家973项目、国家油气重大专项和国家自然科学基金项目的研究工作，攻坚克难，带领广大师生为国家能源战略安全献言献策。近五年来，中心教师负责多项国家及省部级重点科研项目和油田科研合作项目，在教学和科研方面获国家级奖励2项，省部级特等奖1项，省部级一等奖8项，发表SCI论文205篇，专著15部，申请专利21项。涌现出了以庞雄奇教授、钟宁宁教授、邱楠生教授、曾溅辉教授等为代表的一批优秀教师党员，他们在教学和科研方面都取得了突出成就，已成为我国石油行业的领军人物。

在学生培养方面，支部坚持“中心是个大家庭”和“中心学生是全体老师的学生，中心老师是全体学生的导师”的理念，充分发挥导师专业知识全、广、深的特点，积极组织老师与学生进行全方位的沟通和交流，为学生搭建了“科研项目实践+野外地质考察+国际学术交流”的“三位一体”复合式学习平台。在平时注重指导学生进行政治理论学习的同时，针对学生提出的专业问题进行深入解答和指导。中心全体教师坚持带领学生进行野外地质考察，进一步了解大自然，了解诸多在书本上学不到的地质现象和问题。学生们体会到了野外地质工作的艰苦，同时增长了野外地质知识和经验，培养了热爱国家、热爱生活的情怀，从而能以更加饱满的精神投入到以后的学习和工作中，得到专业与人文素质的双重提升，有利于高素质专业人才的培养。另外，中心积极鼓励学生出国参加各类学术会议交流，拓宽国际视野，追踪学科国际发展前沿。近三年共有30余名学生出国参加了包括国际地质大会、国际沉积学大会、国际地球化学年会和美国石油地质学家协会年会等在内的各类国际会议，并有3名学生获得李四光优秀学生奖，10余名研究生获得美国石油地质学家协会全球助研金的资助，多篇论文获得校级优秀论文称号。

执笔人：刘小平

夯实支部堡垒作用　提升教研育人质量

——记北京高校先进基层党组织 中国石油大学(北京)地球科学学院 油气勘探与开发地质系教工党支部

中国石油大学(北京)地球科学学院油气勘探与开发地质系教工党支部前身是1953年成立的北京石油学院石油地质教研室党支部，至今已有60多年的历史。党支部现有正式党员26人，其中副高职以上19人，占党员总数73%；具有博士学位25人，占党员总数96%。党员队伍老、中、青相结合，是教学科研、人才培养的核心力量。在习近平新时代中国特色社会主义思想的指导下，党支部充分调动全系教职员工围绕“政治水平过硬，科研成果显著，人才培养到位”共同目标，充分发挥党支部的战斗堡垒和党员先锋模范作用，在教学、科研和学科建设等方面取得突出贡献。2019年获评北京市工人先锋号，2020年获评北京高校先进基层党组织和北京高校优秀本科育人团队。

“理论学起来”实现思想政治水平过硬

党支部深入学习贯彻习近平新时代中国特色社会主义思想和党的十九大精神，将理论学习作为党建及思想政治建设的主渠道，从源头上强化教师党员的党性意识。党支部注重理论联系实践，多次组织支部成员前往韶山、井冈山、红旗渠等红色教育基地。通过实地开展党员理论学习，全面提高党员的党性修养和理论水平。党支部积极开展“共产党员争先创优”活动，在教学科研及人才培养中主动发挥党组织政治核心和战斗堡垒作用。党支部树立教书育人、努力工作、无私奉献的榜样模范，不断提升学习型、服务型和创新型基层党组织建设的质量和水平。

党支部依托地质专业特色，不断丰富理论学习形式，将红色教育现场学习与野外地质实习紧密结合。在京西普通地质实习、兴城综合地质实习等地质探勘过程中，组织教师前往当地红色教育基地结合地学文化开展实践活动，取得爱国主义教育实效与野外教学水平提升的双丰收。支部结合专业特色开展的主题实践活动，连续两年获评校级主题实践活动一等奖。

支部党员大会讨论预备党员转正问题

党支部深入探索党建与思想政治工作新方法、新方向，组织党员积极申报党建与思想政治工作课题。其中院级党建课题《师生支部共建模式研究》正有序开展，为进一步拓宽党建工作新思路，构建党建工作新体系提供理论指导。

“指导动起来”助力青年教师成长成才

党支部自 2012 年建立青年教师“双导师”制度，结合每位青年教师的学术方向和特点，为其配备一名思想政治导师及一名业务导师。通过助课、讲授实验、参与科研任务等形式使青年教师快速提升教学科研水平，成长为行业领军人物。为进一步加强青年教师学术交流，党支部自 2018 年起组织开展“学术沙龙”，目前已举办 43 期，对提升青年教师科研水平起到积极的推动作用。

党支部切实发挥党员导师的“传帮带”作用，助力青年教师成长成才。在首都劳动模范、北京市先进工作者吴胜和教授的悉心指导下，青年教师岳大力、陈冬霞 2018 年和 2019 年先后获得“北京市高等学校青年教学名师”称号，青年教师刘钰铭获中国地质学会青年教师地质类课程教学比赛一等奖、北京市青年教师教学基本功大赛二等奖，徐朝晖、周勇 2019 年和 2020 年先后获评校青年教学骨干教师，李庆2020年获中国石油大学(北京)教学基本功比赛一等奖。近三年来党支部青年教师共发表SCI论文40余篇，晋升高级职称8人。青年教师的快速成长为学院“一流学科”建设提供强有力的人才保障，为石油行业发展提供强有力的支持。

支部教师赴天津蓟县开展野外地质考察

“育人忙起来”实现学生培养质量一流

党支部坚持“立德树人”初心，全力开展“三全育人”各项工作。支部组织教师党员积极参加学院“爱心助学1+1”活动。目前，已有20余名教师党员累计资助100多名学生，资助总金额达30万余元。在经济资助基础上，教师党员从思想引领、成长规划等多方面为学生进行规划和指导，受资助学生中多人成为油田科研主力，实现“助人自助”的既定目标。

党支部开拓师生支部共建模式，为学生党支部活动提供指导。2019年，师生支部前往北京市延庆区西大庄科村开展实践和调研活动，共同服务冬奥场馆建设。活动事迹被北京市政府网站等多家媒体报道，所指导的学生党支部荣获北京市红色“1+1”活动三等奖。

党支部努力深挖“课程思政”新渠道，以油矿地质现场实习实践基地为依托，与中国石油渤海钻探工程有限公司联合建立“课程思政”实践基地。组织教师党员认真编制课程思政实践方案，带领学生前往平津战役纪念馆等红色教育基地开展学习实践，全面提升学生政治素养，开创“三全育人”新格局。

党支部积极打造教学精品，全面提升教师党员课堂讲授能力，优化课堂讲授质量。近三年来，教师党员获国家级教学成果奖2项，省部级教学成果特等奖1项、一等奖2项，校级教学效果卓越奖1项，校级教学成果一等奖3项。支部教师主讲的“油矿地质学”2020年获评国家级线下一流课程，油气资源勘查工程本科育人团队2020年获评北京高校优秀本科育人团队。

党支部注重人才培养质量，依托“地质资源与地质工程”双一流学科与油气资源与探测国家重点实验室，全面提升学生科研能力。培养的多位研究生获得AAPG全球助研金、李四光优秀学生奖、王涛英才奖等高水平奖项，教师党员指导的学生团队多次在全国油气地质大赛、地质技能大赛中荣获特等奖和一等奖，全面助力学院“一流学科”建设。

指导研究生参加2018年第三届全国油气地质大赛

“成果用起来”保障祖国能源战略安全

长期以来，党支部坚持走“政产学研”相结合的特色发展之路，致力于推动国家石油行业发展，全力保障国家能源战略安全。近三年来，教师党员承担了近百项国家级、省部级及石油企业委托的科研项目，横向科研经费达1.2亿多元，为有效支撑油田增产增效做出了重要的贡献。

党支部长期致力于科研创新与成果转化，近三年作为主要完成单位获国家科技进步二等奖1项，省部级二等奖、三等奖10余项，获国家发明专利共计25项，为国家科研事业发展做出巨大贡献。支部教师党员共发表论文331篇，其中SCI收录103篇，EI收录89篇，出版教材与专著9部，获国家发明专利共计近30项，所得理论成果广泛应用于各油田建设中，并取得突破性应用成效。其中，非常规油气储层表征与评价、复杂地质条件下的油气成藏机理、储层裂缝定量识别与评价关键技术等科研成果和专利的应用，为企业新增探明石油储量 14 亿吨、天然气 2460 亿立方米，获得直接经济效益 1390 亿元，为石油石化行业的创新驱动发展和油气稳定增产、保障国家能源战略安全做出了重要等贡献。

执笔人：周　勇

审稿人：费葳葳

党建“精新实” 育人“德细全”
党建引领发展 教研培育人才

——记北京市教育工会教育先锋号
中国石油大学（北京）地球科学学院地质学系

中国石油大学（北京）地球科学学院地质学系主要承担我校与地学有关的本科生、研究生课程及实践的专业基础教学，以及地质学博士、硕士研究生的培养工作，并在地质学理论及其在油气勘探中的应用等方面开展科学研究。现有教职工 39 人，其中教授 14 人，副教授 18 人，讲师 7 人，具博士学位的教师 37 人。地质学系教师先后获国家科技进步奖 2 项，国家优秀教学成果奖和优秀教材奖 6 项，省部级科技进步奖 30 余项；发表论文 600 余篇，统编教材 15 余部，出版专著 30 余部，译著 6 部；培养硕士研究生 300 余名，博士研究生 50 余名。地质学系党支部获评 2006 年北京市先进基层党组织、2011 年北京市教育工会教育先锋号、2016—2018 年度中国石油大学（北京）先进集体等。

党建引领团队，工作发展“精新实”

地质学系党支部始终坚持政治学习为各项工作保驾护航，坚持定期开展支部活动。理论学习上，邀请马克思主义学院教师开设“微党课”，深入开展“两学一做”学习教育，深入学习党的十九大精神；在实践过程中，贯彻“以学生为中心”的教学理念，树立良好的师德师风。

地质学系充分发挥党支部战斗堡垒作用。党的基层组织是党的全部工作和战斗力的基础，是基层工作的核心力量。在日常工作时，支部夯实基础、不断创新，形成一系列举措。一是结合上级党委指示精神，创新学习形式，过好组织生活，及时学习贯彻相关文件精神，创造性地将红色革命精神教育与室内理论学习相结合、领学和自学相结合，做好思想教育工作；二是密切联系群众，热心服务群众，发挥基层党组织的桥梁纽带作用；三是发挥党员的先锋模范作用，充分发挥基层党组织的引领作用。

2019 年 4 月地质学系党支部赴韶山开展
"不忘初心，牢记使命"主题教育培训

地质学系坚持党建和事业发展两手抓。习近平总书记曾指出，"高校肩负着学习研究宣传马克思主义、培养中国特色社会主义事业建设者和接班人的重大任务。加强党对高校的领导，加强和改进高校党的建设，是办好中国特色社会主义大学的根本保证。"地质学系坚持立德树人，把培育和践行社会主义核心价值观融入教书育人全过程，将党建和事业两手抓的思想传递给每位成员，引领教师要做好教学和科研工作，发展科学技术，为国家发展作贡献。

2018 年 3 月地质学系党支部赴天津蓟县
开展爱国主义教育活动

地质学系落实发展系务会制度。党支部与系行政部门邀请部分教师代表定期召开系务会，保证各项工作顺利开展，在人员晋升、评优评奖等方面把好政治关。党支部创新开展"微党课"活动。为消除党员在思想学习提升中的困惑，党支部根据多数党员意见，结合时代社会背景，精选主题，邀请马克思主义学院教师，以

“微党课”的形式进行讲解。选取主题包括：马克思主义的起源与发展、中国共产党的性质与宗旨、共产国际及国共合作的历史背景、改革开放以来党的卓越成就、马克思主义哲学和习近平新时代中国特色社会主义思想等。“微党课”为支部成员提供了思想升华、交流提升的良好平台，已经成为地质学系党支部的党建品牌项目。

教研培育人才，育人格局“德细全”

教学工作分量重，教学成果显著。地质学系承担了资源勘查工程专业52%的专业课程、66%的专业必修课程；每年承担课程教学工作量约6020学时，人均完成教学工作量219学时；除了为地学院开设专业课程外，还为石油工程专业、勘查技术工程专业及其他专业学生开设专业基础和地球科学概论等课程。

为保证教学质量，地质学系投入了大量人力协助学院完成学科评估(地质资源与地质工程)、专业认证(资源勘查工程)、学位点评估(地质资源与地质工程、地质工程)、本科教学审核评估等工作。在党建工作的指引带动下，地质学系圆满完成各项教学工作，教学成果显著。其中，《油气地质工程实践与创新能力递进-联动式培养体系构建与成效》荣获中国石油教学学会教学成果奖特等奖，《全程、深度、共赢——校企合作卓越工程人才培养模式的构建与实践》荣获中国石油教学学会教学成果奖一等奖。在此过程中，系里涌现出一大批老-中-青教学骨干，得到各界认可。朱筱敏荣获美国AAPG穆雷杰出教育家奖，是该奖项在亚洲的首位获得者；王贵文获2017年北京市教学名师称号；于福生荣获全国大学生野外地质技能大赛优秀教练(野外)；孙海

2018年3月地质学系党支部赴天津蓟县开展爱国主义教育活动的同时开展野外露头研讨

涛、鲜本忠、王贵文、温顺久等获中国石油教学学会教学成果奖特等奖；金振奎获2018年校级教学名师称号；孙海涛荣获2016年校青年教学骨干教师称号；牛花朋荣获2016年校级品牌课、2017年校级青年教学卓越奖；鲜本忠、温顺久、孙海涛等2017年获校优秀教学成果一等奖。在先进教学骨干的带动下，地质学系的党建和教学质量进一步发展，获评2016年度地学院优秀集体、2016—2018年度校先进集体等。

教学科研实验室基数大，建设卓有成效。在学校学院的支持下，地质学系近年来完成新投资1396.3万元，新建实验室6间，改造实验室4间；共购置显微镜200多台套，计算机140多台，工作站100套，建设标本、薄片、模型总计1万余套，获批“油气勘探与开发国家实验教学示范中心”。优质的硬件条件为培养优秀地质人才提供了必要的条件，也为地质类课程实验教学、科技创新、毕业设计等提供了强有力的硬件保障。依托这些教学实验平台，地质学系教师指导的学生在全国地质技能大赛和全国油气地质大赛中屡获佳绩。

科研氛围与科研成果关联强，实现相互促进。地质学系教师积极参与校办学术期刊《古地理学报》及《石油科学》的编审工作，并开办了“地质学论坛”系列讲座活动，为教师和学生营造了较强的学术研讨氛围。地质学系教师在含油气盆地构造和沉积储层地质等方面积极开展科学研究，被中国石油和化学工业联合会评为沉积储层研究创新团队。承担科研项目年均110项，其中纵向项目16项(含国家自然科学基金9项)；年均到账经费约2700万元，其中纵向经费870万元；年均发表科技论文86篇，其中SCI检索论文35篇，EI检索论文3篇。地质学系教职工将党支部内融洽和谐的关系、积极有为的干劲和踏实严谨的作风带入科研工作，形成了良好的科研氛围，同时产出诸多研究成果，二者之间的协调统一为地质学系的发展提供不竭的动力，将育人成效也推上了新的台阶。

在时代发展的洪流中，在“双一流”建设的浪潮下，地质学系人始终不忘初心，砥砺前行，在党建发展的牵引下，着力钻研教学，致力于培养地学英才。地质系教工党支部将继续保持先进，乘势而上，守正创新，发挥战斗堡垒作用，让党旗下的地质学科研、育人绽放新的光芒。

执笔人：孙海涛

审稿人：费葳葳

凝心聚力铸党建　多措并举育人才

——记中国石油大学(北京)2017—2019年度先进党组织 中国石油大学(北京)地球科学学院 本16级、17级联合党支部

地学院本16级、17级联合党支部有党员15人，发展对象29人，积极分子29人，其中正式党员4人，预备党员11人。党支部组织健全，支部委员由3名辅导员组成，其中王子安为支部书记，杨晟颢为宣传委员，姚梦竹为组织委员。支部以习近平新时代中国特色社会主义思想为指导，本着“建设、服务、发展、创新”的工作理念，以党建促特色，以创新求发展，努力培养具有“爱国、励志、求真、力行”品质的学生党员，真正发挥党支部培养人才和选拔人才的“摇篮”作用。

不忘初心，牢记使命，提高党员思想素养

思想是行动的先导。支部成立以来，始终坚持以习近平新时代中国特色社会主义思想为指导，积极创新“不忘初心、牢记使命”系列主题教育开展形式，采用理论与实践相结合、讲授学习与自主研讨相结合的教育形式，组织了“红色‘1+1’社会实践”“辩论式组织生活”等一系列活动，引导支部成员不断提高思想觉悟和理论水平，树立远大理想，坚定对中国特色社会主义道路的信念和对实现中华民族伟大复兴中国梦的信心。通过丰富的活动形式，支部成员深入学习研讨习近平新时代中国特色社会主义思想的主旨要义，积极主动向周围同学传达

支部赴天津参观周邓纪念馆

党的思想，鼓励同学积极向党组织靠拢，进一步坚定“四个自信”，增强“四个意识”，锤炼“爱国、敬业、求真、力行”的品质，厚植忧国忧民之心、爱国爱民之情，树立奉献祖国、奉献人民的崇高理想，努力为服务国家能源战略需求做出应有的贡献，共同肩负起时代赋予的神圣使命，一起为建设社会主义现代化强国而奋斗。

优中择优，严格考察，注重党员的教育发展

党支部的先进与否取决于党员是否先进。支部在党员教育发展中严格遵守《中国共产党章程》，精心培育入党积极分子，端正入党动机，必须把好入党第一关；加强培养教育，开展实践活动，提高入党积极分子的政治素质和实践能力；严格遵循“慎重发展、均衡发展、计划进行、入党自愿、个别吸收”的原则，坚持成熟一个，发展一个。在接收新党员过程中，积极听取同学和辅导员的意见，充分发挥民主，保证党员质量，为党输送合格的青年力量。支部成员发展流程记录以纸质材料为主，以党员 e 先锋报备为辅，网上报备与纸质材料同步进行，严格为后续发展工作的推进把好关。支部深入班级和团支部，与入党积极分子、发展对象以及新发展的党员交谈，了解学生的学习、生活情况，纠正错误并进行积极地引导。同时，支部积极与其他优秀党支部交流学习，完善党支部内部的组织建设，激发党支部内部活力，保障支部成员能在更好的组织建设中砥砺奋进，在劈波斩浪中开拓前进，在披荆斩棘中开辟天地，在攻艰克难中争创业绩，从而使得党支部愈加先进。

组织生活，开拓创新，提高党员学习成效

创建学习型党组织是新时期学生党建工作的重要内容。支部始终紧密围绕学校和学院相关工作和要求来创建学习型党支部。根据院党委下发的学习文件，支部积极创新学习模式，优化党支部的组织生活方式，引导学生深入学习党的精神和理论，落实“两学一做”学习教育的常态化、制度化，创造出积极向上的学习生态圈。在理论学习方面，支部打破常规刻板的组织生活开展形式，采取了研读材料、自主选题、分组研讨、公开辩述等形式。支部组织生活逐渐形成了以下学习方式：一是党课形式的理论灌输式；二是培养联系人和积极分子面对面的思想汇报式；三是党员轮流的主讲主问式和主题展

览参观式；四是以学生党员带领积极分子的分组辩论式等。各种形式的交叉组合，使支部组织生活开展形式更富有时代气息，更好地为深刻理解内容服务，在浓厚的理论学习氛围中，支部成员积极交流，学习热情高涨。此外，支部注重理论与实践结合，充分发挥学生支部的优势，发挥新时代青年力量，开展学生党员先锋工程、红色“1+1”和主题教育等实践活动，其中支部“寻梦延安，重走初心之路”实践团入选全国大学生延安实践专项行动百强实践团；“赴山西运城助力果农脱贫”暑期社会实践团入选教育部主办的第四届中国“互联网+”大学生创业大赛“青年红色筑梦之旅”赛道；“圆梦大凉山，绘梦教育行”实践团队在2018年首都大中专暑期社会实践百强团队中获评二等奖；“乐水走水传承运河文化”暑期社会实践团入选“双百行动计划”团队名单。支部将学习与实践有机集合，为党和国家凝聚青年力量。

支部参观平津战役纪念馆

厚积薄发，开物成务，营造支部先进学风

学风建设是全面贯彻党的教育方针，是实现“三全育人”的重要条件，是衡量支部建设的重要标志。支部依循“厚积薄发，开物成务”的校训精神，营造”比拼赶超”的良好学风，时刻对支部成员强烈地熏陶和感染，使支部成员在日常学习中增长知识，锤炼品格。在支部建设的一年之中，支部采用个案辅导、课程培训以及集团自习等方式，创新开展学风建设主体系列活动，如“习惯21天养成计划”“集体自习”以及“英语四六级自测”等，从点、线、面多层次培养支部成员良好的学习习惯。学风建设的成效直观反映了学生对知识、能力的渴求和在学习中的勤奋刻苦、纪律严明的思想态度和行为表现。在支部良好学风氛围下，支部成员严格要求自己，对标身边榜样，刻苦学习，提升专业素养，全员均获得奖学金。

相互促进，由内而外，提升支部服务能力

支部积极鼓励、支持、要求党员发挥自己的先锋模范作用，督促入党积极分子以党员的身份要求自己去带动、影响周围的同学，端正同学入党动机，营造良好政治氛围。党员在保证学习成绩的条件下，要在同学中起好带头作用，与同学互教互学，尽自己最大努力去关心在学习上需要帮助的同学。支部成员在同学和老师之间积极发挥桥梁和纽带作用，及时向任课教师反馈同学们在学习中的问题及意见，做好沟通工作，促进班集体优良学风形成。支部成员在班级和社团工作中能够参与其中，甘于奉献，真正体现全心全意为人民服务的宗旨。在支部成员的共同努力下，支部中各班级和团支部多次获得十佳班集体、红旗团支部、先锋团支部等称号。

地学院本 16 级、17 级联合党支部将不忘初心，牢记使命，以求真务实的工作态度和与时俱进的创新精神，营造争先创优、力争上游的学习氛围，全力促进支部成员在担当中历练，在尽责中成长，涵育“爱国、励志、求真、力行”的优秀品质，成为德智体美劳全面发展的社会主义建设者和接班人。

审稿人：朱锐

“两学一做”学实践　“三创六措”争先锋

——记全国高校“两学一做”支部风采展示活动工作案例特色作品支部

中国石油大学(北京)地球科学学院本14级先锋党支部

地学院本14级先锋党支部成立于2016年12月1日，支部共有党员22人，其中，正式党员9人，预备党员13人。支部成立以来，创新开展理论学习和实践教育，以“两学一做”为理论主线，形成了“三创六措”学习教育模式，构建了理论学习、支部建设、理论宣传三位一体的学习实践体系。

注重顶层设计，三大创新引领支部发展新范式

创新理论学习形式。传统的理论学习存在着被动性学习、主观意识受局限等问题。为创新理论学习形式，发挥支部成员理论学习的主观能动性，支部从两方面对理论学习形式进行创新：

一是邀请理论导师定期对支部进行理论宣讲。一改以往组织生活会僵化的理论学习方式，通过老师对党政理论的深入讲解，提高支部成员的思想认识，引导支部成员跳出自身认识桎梏，全方位理解认识理论精髓，完成由“个别突出”向“全员发展”的转变。

二是创新支部成员理论学习的交流形式。宣讲人不局限于支部委员，涵盖了所有党员、发展对象及入党积极分子，并注重引导宣讲人理论结合实际，促使受众通过理论学习引发对自身实际的思考。同时，将此种交流形式纳入支部内部评选推优标准当中，通过适当的奖惩机制激励使支部成员从不同角度、不同形式对理论知识进行主客观解读，掀起学习理论经典新高潮。

创新支部建设方法。“两学一做”理论学习的目的还包括推动学习教育从“个别突出”向“全员发展”的拓展，从集中性教育向持续性教育延伸的重要举措。为扩大支部理论学习辐射性及影响力，支部从三方面进行创新：

一是党建带动团建及社团建设，将党支部影响力扩大至学生基层团支部

及校内各社团，利用团支部及各社团等基层学生组织活动参与人数多、辐射范围广的特点，扩大党支部理论学习的影响力，引导学生在日常生活中对理论知识积极了解并自主思考，完成理论到实践的转化。

二是紧密联系兄弟支部，实现党建心得的交流和相互提高。支部建设是体系型工程，在建设过程中不可避免会遇到不同类型、不同性质的问题。与兄弟支部分享党建经验及心得可以促使支部成员多角度思考问题，推动党建工作提升至新的高度。

三是开展共建支部活动。活动中各党支部不只是单方向的受益者或奉献者，通过共建支部过程中双方的交流，两支部的优势做法互为增益，使支部得以实现高质量建设和发展。

创新理论宣传方法。理论宣传也需与时俱进。当下理论宣传受众主要依靠各大门户网站、微信客户端、微博客户端等线上媒体获取资讯。在创新理论宣传方式中，支部着眼点主要聚集于“两微一端”，开设原创微信公众号、党支部官方微博等自媒体，定期对受众推送相关理论知识，增加理论知识传播的广度和深度，推动理论知识走入受众的日常生活，形成“全天候”的系统性理论宣传体系。

把握关键核心，六大举措拓宽党建渠道

夯实党员理论基础，创新组织生活形式。支部在日常理论学习中采用“分阶段、分层次、分对象”的创新形式进行，以“稳扎稳打，分期进行”的方式展开。支部专门制作了“两学一做”发展线路图，将主要事件按时间先后顺序，以便支部成员更加直观地进行理论学习。在组织生活会中，支部也会不定时抽查，以期督促各成员积极主动开展学习。支部实行“小组制”开展学习活动，不断增强支部党员的主观能动性。

支部与学院蒲公英青年志愿者协会共同进行实践活动

此外，支部也会定期安排党员在党支部范围内开展理论宣讲，由个人带动群体，群体意见反馈以提升个人，促进个人自主思考，推动

支部成员意见深度交流。

党团社团有效联合，丰富党建工作形式。支部在发展建设过程中，充分发挥模范带头作用。以“党建带团建促班建”为理念，开展一系列活动。支部优秀党员定期面向各团支部和学生社团开展理论宣讲。在进行实践活动时，支部邀请各个团支部和学生社团共同参与，形成以党支部为中心，以团支部和社团为主链，相互影响、相互学习的活动模式。

打造“两微一端”阵地，积极发挥平台优势。支部在理论宣传过程中，不仅保留了报纸、海报等原始的宣传方式，也与时俱进地开设了官方微博、微信公众号和新闻客户端。利用网络宣传媒介方便快捷的优势以及庞大的信息资源，及时有效地传播党的声音，由此将理论知识以动画和图示等学生易于接受的形式进行线上推广，达到最佳的宣传效果。

师生携手凝聚力量，理论技能全面提升。支部与校党委组织部、党委宣传部紧密联系，以高标准、高站位开展党建活动，成功推动了学生党建工作的新发展。支部党员与专家名师通过读书交流会等组织生活形式进行良好的互动交流。此外，支部定期邀请专家名师在整个年级开展骨干培训，从理论知识到办公软件操作，由表及里不断提高学生骨干的综合素质。

建立野外临时党支部

建立野外临时支部，促进相互思维碰撞。支部联系相关行业优秀支部开展交流，以此突破发展瓶颈，成功完善了支部建设体系。在综合地质实习期间，支部与河北省秦皇岛市北方地质实习基地党支部建立野外党支部，共同开展组织生活会等党内活动。两个支部就理论知识、党建工作、专业知识以及就业形势等相关问题展开了深入的交流。

深入贯彻“一带一路”，跨区合作共促发展。支部积极响应习近平总书记提出的“一带一路”发展理念，将服务“一带一路”与支部共建工作有效结合，使其成为支部实践活动的着力点以及学生党员社会实践的新窗口。在支部与克拉玛依市天山街道康乐社区党支部以及中国石油大学（北京)克拉玛依校区文理学院第二党支部共建的过程中，支部党员结合自身专业优势，积极投身井场实践，扎实学习相关知识，以创新交流方式与共建模式，服务基层群众与身边同学。共建支部的党员结合自身经历与实践经验，定期对支部成员进行理论指导和专业培训，激励支部党员奉献自我，充分发挥模范带头作用。

实现价值引领，多重成效展现支部新活力

方式新颖提升学习能力。支部采用新的组织生活学习形式，一方面夯实了党员的理论基础，在学与思的过程中不断推动自身的发展与进步；另一方面形成“以党员为中心，向团员及群众中辐射”的传播体系，全面学习党的十八大以来党中央的新理论新思想，让“两学一做”理论深入人心，成为全体受众的指导思想和行动指南。“两学一做”发展线路图使晦涩的理论知识生动系统地呈现在党员面前，以工科思维做出解读，扩大了理论知识的普及面。

党团联合增强自身活力。支部将党、团、社团进行结合，依托党支部成员强大的理论功底，以班级和团支部为扩散面，将学习与实践的精神传播到群众中去。同时，由于社团活动良好适配学生的日常需求，更深入地了解学生的思想动态，为实践活动的开展提供了有利条件。

两微一端掀起学习浪潮。支部建立“两微一端”新媒体阵地，将“两学一做”理论知识以生动的图文及动画形式表现出来，党员及群众的学习热情高涨，单篇推送阅读量上万次，普及群众范围广，成效良好。党员自觉发挥自身优势，带动身边团员及群众积极学习，积极实践。

师生共勉引领党建思潮。为追求“两学一做”学习教育的深度，支部邀请学校党委组织部、党委宣传部教师党员为支部全体党员集中培训与互助交流，以此拓展视野，提升思考问题的深度和广度。同时将学生支部的活力注入到上级对接组织中去，实现师生互帮互助、共促进步的交流模式。

理论经典触发专业热情。支部在野外建立临时党支部，充分将理论学习延伸至学生党员学习生活的各个方面。两支部在建立深厚友谊的同时，充分发扬了地质精神，将专业精神与党的理论相结合，很好地融合，同时也开阔了视野，拓展了思维，革新了工作方法。

“一带一路”发展理念点燃实践激情。支部重视专业知识与支部建设相结

合，努力将专业知识的应用扩展至更广阔的领域。支部与两个共建支部本着服务“一带一路”，深入油田一线，践行石油精神的宗旨，开展了一系列“群众得实惠、党员得教育、支部得发展”的共建活动，帮助新区学子适应大学生活，坚定理想信念，以实际行动深入贯彻落实“一带一路”理念。在共建模式的指引下，共建双方在工作、学习等方面均有了较大突破，真正构建了支部互帮互助的共赢体系。

审稿人：刘一琳

小小蒲公英　承载志愿情

——记首都学雷锋志愿服务岗
中国石油大学(北京)地球科学学院
蒲公英青年志愿者协会

蒲公英青年志愿者协会(以下简称蒲公英青协)是在中国石油大学(北京)地学院团委领导下的先进青年学生组织。长期以来，围绕地学院党委和团委的工作部署，蒲公英青协以服务社会、提升大学生个人价值为己任，通过公开招募志愿者以及与党团支部合作等形式，组织了文化支教、环境保护、扶弱助残、社区服务等诸多形式的志愿活动。蒲公英青协对志愿工作始终秉承精益求精的态度，不断突破与创新活动形式，获得了校内外青年的广泛认可。自 2010 年成立以来，蒲公英青协多个项目获评石大十佳优秀志愿项目，蒲公英青协荣获绿色环保小超人——全国最佳社团、北京市优秀社会实践团队、首都学雷锋志愿服务岗、昌平区优秀志愿服务团队和中国石油大学(北京)环保水卫士团员先锋队等荣誉称号。

展示志愿者风采，激发青年奉献社会的热情

传承奉献精神，提升责任意识。蒲公英青协积极组织青年志愿者参与志愿活动，通过开展自身精品活动和协办大型公益活动，调动了地学院乃至全校青年参与志愿活动的热情，也锻炼提升了志愿者的综合能力。蒲公英青协成立以来，始终秉持“捧着一颗心来，不带半颗草去”的奉献精神，带领学院学子开展志愿活动，目前已达到年均志愿受益 6000 余人次、年均录入志愿

蒲公英青协开展社区公益活动

时长20000小时以上的成效。

投身环保活动，践行绿色理念。十九大报告指出：必须树立和践行“绿水青山就是金山银山”的理念，坚持节约资源和保护环境的基本国策，像对待生命一样对待生态环境。蒲公英青协自成立以来，始终秉承环保志愿特色，以校园环保为主题，坚持开展形式多样、内容丰富的校园环保志愿活动。2012年，蒲公英青协首次引入自然大学发起的“乐水行”环保志愿项目，通过自主开发活动环节和活动路线，已连续九年对昌平周边河流进行水质检测及沿岸环境保护活动。蒲公英青协多次以“乐水行”为基础，开发志愿服务配套的“蒲公英·水秀”系列活动，项目获得“全国大学生绿色梦想共创计划”全国三等奖、首都大中专暑期社会实践优秀团队、“互联网+”大赛北京赛区三等奖等奖项。如今，“蒲公英·水秀”项目已经逐渐成熟完善，成为蒲公英青协的品牌项目。2018年，蒲公英青协首次引入“环保盒子”公益项目，旨在“资源再回收再利用”的原则，引导大学生形成节约资源和保护环境的基本意识，在当前垃圾分类的背景下更加凸显出价值所在。

蒲公英青协参加首都高校环境文化季

回归劳动志愿，增强服务精神。“光遍太阳村”与“智光之行”是蒲公英青协的常规志愿活动。两项活动均组织志愿者通过打扫卫生、田间劳动等志愿形式来帮助服刑人员未成年子女及残障儿童；以“简单参与、奉献爱心”的方式，让志愿者在参与的过程中分享公益理念，传播公益精神、志愿精神和雷锋精神。通过学院师生的共同努力，“光遍太阳村”与“智光之行”活动已连续数年获得中国石油大学（北京）十佳优秀志愿项目。

聚合青春能量，胸怀桃李之志。“胸怀桃李之志，践行志愿精神”蒲公英青协特色系列支教是蒲公英青协在昌平区周边小学连续开展八年的一项持续性支教类志愿活动。该项目旨在增强志愿者实践能力和责任感，主要围绕着动物保护、社会关爱、环境教育、安全教育、传统文化等主题，为学生提供生动有趣的知识，受到学生、老师及家长们的一致好评。蒲公英系列支教已辐射学生2000余人，累计志愿服务时长25000小时以上，成为蒲公英青协服务中小学的重要活动平台。支教是一项高尚的事业，青年志愿者们在活动中与孩子们深入交流，讲解知识，也通过活动树立起志愿责任感，实现了“育人”和“育己”的目的。

蒲公英青协在校园南广场开展节水宣传

坚持党的领导，引导大学生德育发展

提高政治站位，升华志愿活动。蒲公英青协始终坚持组织协会成员和志愿者联合开展理论学习，提高政治站位，以践行志愿服务精神为初心开展志愿活动。在学院的支持下，蒲公英青协构建并完善了《蒲公英青协管理制度(试行)》，坚持做到开展志愿活动有法可依、有章可循，更好地为学生群体提供优质志愿活动，切实保障志愿者利益。

志愿服务活动多样化，丰富德育形式。学院鼓励蒲公英青协加强志愿活动与品德教育之间的联系。蒲公英青协通过常规志愿活动与主题教育相结合的形式，开展了“红色1+1”基地共建、圆梦大凉山校园捐赠、志愿类暑期社会实践团建设等形式的德育实践教育活动。在相关活动中，不仅彰显了志愿实践活动生动有趣的特点，且保留着主题教育原滋原味的政治性和正规性，让同学们在参与的过程中思想也得到了升华。

结合校内各支部，展现青春风采。党的十九大以来，地学院各级团组织深入学习贯彻习近平新时代中国特色社会主义思想，向所有团员发出倡议——积极投身志愿服务事业，成长为有理想、有本领、有担当的社会主义建设者和接班人。蒲公英青协勇担使命，建立长效机制，与校内各团支部、党支部联合开展志愿服务活动。在2019年国庆重大活动保障工作中，蒲公英青协积极联络学院各团支部，共邀请7个团支部联合开展国庆活动集结地的清扫工作，切实为学校国庆重大活动做好部分后勤保障工作。

对接校外党支部，发挥青年力量。蒲公英青协响应学院号召，鼓励大学生团员积极参加志愿活动，建立完善的校园志愿服务体系。本着“奉献、友爱、互助、进步”的志愿服务精神，充分发挥青年志愿者在社区服务中的作用，蒲公英青协于2018年9月成立蒲公英青年志愿团，专门负责与北京市东城区北新桥社区进行对接，与社区党支部开展共建。志愿团组织志愿者参与社区的周末大扫除活动，消除白色垃圾，清洁社区街道，为社区老人送去关怀，与老人们建立友谊。截至2019年年底，“团员进社区”活动已累计开展12次，累计志愿时长近500小时。年轻的青年志愿者已经成为社区中一道靓丽的风景线，充分彰显了青年学子的爱心善意和责任担当，是“人民有信仰、国家有力量、民族有希望”的生动体现。

弘扬志愿精神，做通向志愿活动的“桥梁”。蒲公英青协高度重视志愿精神的宣传工作，依托学院微信公众号平台“地心引力CUP”，定期发布推送，内容包括志愿活动招募通知、志愿时长公示、蒲公英青协管理细则、志愿活动风采等。作为学院社团的中坚力量，蒲公英青协定期更换校内和公寓海报，在世界水日、国际志愿者日等公益节日向同学们介绍节日特点及其内在精神，同时发起与之契合的公益活动，让同学们在公益节日的相关活动中得到思想的浸润。如今，越来越多的同学通过蒲公英青协组织的活动投身到志愿服务中去，成为了服务校园、服务社会的生力军。

志愿服务作为“三全育人”和“实践育人”的重要组成部分，一直是学院思政工作的重点。蒲公英青协将继续发扬优良传统，全面贯彻落实全国高校思想政治工作会议精神，协助学院着力培养堪当民族复兴大任，乐在志愿、热衷志愿的新时代优秀青年。

审稿人：杨晟颢

育人的信仰，奉献的情怀

——优秀教师事迹选编

大师铸大学　以铁人精神勇夺桂冠

——记中国科学院院士王铁冠

王铁冠，男，原籍广东省澄海，1937 年 12 月生于上海市。中国科学院院士、教授、博士生导师。1965 年毕业于北京石油学院石油地质专业；1983—1986 年在美国特拉华大学地质系和俄勒冈州立大学任研究学者、客座副研究员。1994 年起在石油大学(北京)任教，现兼任国家自然科学基金委评审专家组成员、教育部石油天然气成藏机理、煤炭资源两个重点实验室的学术委员、中油股份公司油气地球化学重点实验室学术委员会副主任，担任《地质学报(英文版)》《地质论评》《地球化学》《石油实验地质》《海相油气地质》编委。专业领域分子有机地球化学、石油地质学、油藏地球化学、环境科学。发表论文 174 篇(含英文 42 篇)，合撰专著 13 部，译著 6 部，完成科研报告 40 份。论著被 SCI、EI 各收录 31 篇，SCI 引用达 321 次。曾获得李四光地质科学奖(地质研究者奖)、中国科学技术发展基金会孙越崎能源大奖、中国石油天然气总公司铁人科技成就奖(银奖)、国家自然科学奖(二等奖)和科技进步奖(三等奖)以及 10 项部级科技进步奖。

“舜土无私万象涵，经纬地脉赖君探。若无妙手寻油出，赤县焉知是哪堪?”石油地质不分家。铁人精神，“火眼金睛”，妙手寻油，王铁冠带你探寻石油深处的秘密；心怀敬畏，我们带你走近王铁冠，探寻地质大家的“秘密”。

我国命名新生物标志物的第一人

1978 年，王铁冠参加燕山野外地质勘察，一次在元古代地层出露区，意外地捡到一块砂岩滚石，放大镜下见砂粒间充填着沥青颗粒。因为石油地质学家常把天然沥青看作是油苗，所以他当即选点进行人工槽探，终于挖出了黑色的含沥青石英砂岩层。通过有机地球化学分析和同位素年龄测定，王铁冠确定这个沥青砂岩层原来是晚元古代时期的油藏，在6.73亿年前因遭受岩浆活动的高温烘烤而蚀变成固体沥青，这是在国内发现的最老的古油藏。

回到实验室后，王铁冠教授还用气相色谱—质谱仪，从这个沥青砂岩中检测到一个国际文献中尚未报道的新化合物系列。他按照国际惯例，在国内实验室条件下，首次实现了人工合成标样的色谱—质谱共注分析，对这个新化合物系列做出结论性的鉴定，将其命名为“13α(正烷基)—三环萜烷”。迄今为止，这仍然是由中国学者发现与命名的唯一生物标志化合物。1991年，王铁冠在《中国科学》发表了这一鉴定成果后，收到美国科学信息研究所(ISI)来函，告知该所文献库拟收录这种新发现的化合物，以供国际同行检索，还要求王铁冠对录入资料进行审核，并签名确认。此外，王铁冠还在贵州水城的藻煤中，发现并鉴定出前人未知的甲基三环萜烷和甲基四环萜烷两个新的生物标志物系列。有关的论文在国际上发表后，被SCI等几大国际检索系统所收录。

在对化石燃料分子组成的探索中，王铁冠检测出近100个新的异构体或同系物，从而补充、发展和完善了文献中已知的7个生物标志物系列。这些工作，均属国际有机地球化学界的前沿性科研成果。

在分子标志物理论研究中，王铁冠先后在国际上建立了树脂二萜类、13α(正烷基)—三环萜烷、8β(H)—补身烷以及8，14—断藿烷4类生物标志物的成因机理模式。这方面的论文发表后，合计SCI引文达123篇次，单篇论文的最高引文数达84篇次。

在方法学研究上，二十世纪80年代后期，王铁冠首创了运用生物标志物组合，确定沉积有机质生源构成百分比的方法，从一个岩石或原油样品中，可以获得多达550个化合物的综合信息。1997年《科学通报》的署名文章认为，这“无疑对于从事油气成因理论和技术方法研究的科研和生产人员都是值得借鉴的”。

非常规油气成因理论的探索者

二十世纪50年代至80年代前期，传统的石油地质学观点认为，煤和石油是两种不同类型的沉积环境下不同演化过程的产物。1975年，王铁冠到湖北秭归做野外地质调查，在侏罗纪煤系地层中发现众多固体沥青产地，而且在砂岩中见到沥青脉分叉、穿插的现象，表明这些沥青曾经是呈液态流动状态的石油。王铁冠研究煤系固体沥青的成因后，明确提出“成煤过程中也可伴随有‘生油’过程”，这些沥青是“煤或高等植物成因的液态烃类衍生物”，沥青脉的“分叉与合并现象”正是“具有次生流动运移的确证”等论点，对煤成油做出了重要的论证。

王铁冠正在作报告

“七五”期间，王铁冠发扬分子有机地球化学与煤岩学两个学科的优势，最早发展了一套生物标志物分析与煤岩显微组分镜鉴相互渗透、紧密结合的烃源岩研究方法。通过全国55个矿区130个代表性烃源岩样品的精细剖析，得出了一系列富有创见的研究成果。他在此基础上参与撰写的《煤成油的形成和成烃机理》专著，获国家自然科学奖二等奖。

“七五”至“八五”期间，王铁冠的课题组对9个典型沉积凹陷和5个中小型盆地的原油、岩石样品，作了系统的剖析，从显微层次和分子级水平上，成功地确立了木栓质体、树脂体、细菌改造陆源有机质、生物类脂物以及富硫大分子等五种原始母质早期生烃的机理和模式，1995年撰写出版了《低熟油气形成与分布》理论专著，弥补了国际上盛行25年之久的“干酪根晚期热降解生烃理论”在早期生烃研究方面的缺憾。著名石油地质学家李德生院士在专著的序言中指出：该书发展了我国陆相生油和煤成烃的理论和工作水平，拓展了我国石油地质学和有机地球化学的研究领域，也为(油气)勘探工作者提供新的思路和机遇。

油藏地球化学新科研方向的拓荒者

二十世纪90年代以来，王铁冠教授积极引进国际上的油藏地球化学新理论、新技术，开拓新科研方向。他于 2000 年在中国石油股份公司的支持下，为国内三大石油公司的科技人员，举办了首届油藏地球化学培训班，既包含理论教学，又组织现场人员的实验、实习；而且多次在校内和到油田作油藏地球化学讲学，推动各油田的油藏地球化学科研与实际应用，取得良好效果。

王铁冠正在给学生演示实验操作

在科研实践中，他致力于探索分子标志物新参数，首次论证含硫非烃二苯并噻吩类，作为新分子标志物示踪石油运移的机理，用以反演石油运移优势通道，展现油藏充注途径；运用流体包裹体测温，结合数值模拟，确定油藏成藏期次与时间；先后在塔里木、珠江口、松辽、海南岛等地区不同岩性的油藏中，重建油田的成藏历史，预测烃源灶方位，确定有利勘探方向。

特别是近五年里，他对国内最大的海相油田新疆塔里木盆地塔河油田的成藏过程，进行两轮示踪研究的成果，不仅具有深远的石油地质学理论意义，而且明显影响勘探决策，突出表现在预测油田南部的找油方向。据中国石化西北油田分公司的效益证明，已有多口探井获重大突破，预计可探明 2 亿吨石油储量，产生显著经济效益。此外，还采用全油气相色谱的特殊处理技术，创新性定量计算出塔河油田单口井早、晚两期成藏充注石油的比率，对于油田实施整体控制、择优探明的部署方案提供重要依据，预计优化设计成本，可获上亿元的经济效益。

师德如炬薪火传

凡熟悉王铁冠教授的人，都对他有一个共同的评价：无论是做学问，还是为师、为人，都堪称表率。他教过的学生无不对他严谨务实、勇于探索的精神留有深刻印象。

注重地质实践，是王铁冠教学的另一个特点。他曾带领学生从事 8 年野外地质调查，与青年教师及研究生共同进行16年有机地球化学科研。他要求每个研究生都要学会到野外或现场采集样品，学会在实验室做具体的实验工作，学位论文要有一定的实物工作量，主要数据都要自己从实验样品中取得，不做空头论文；也不允许随意剔除或人为更改实验数据。

在科研成果署名问题上，王铁冠历来有一条原则：凡是他没有做工作的论文，他从不参与署名；凡不是他执笔的论文，他绝不署名第一作者。相反，倒有一些论文明明是由他执笔完成的，而他却不是第一作者。例如，1990年他在一项国际合作的交叉学科研究中，先后完成了4篇系列论文。其中第一篇是有机岩石学成果，显微镜下的鉴定工作是在赵师庆教授指导下，由两位年轻同事完成的。王铁冠将原始鉴定资料带到美国，做进一步的综合性合作研究。虽然论文是王铁冠在美国执笔用英文撰写的，而且赵师庆教授还来信执意让王铁冠署第一作者名，但是论文在英国《燃料》杂志上发表时，王铁冠坚持将自己署名为第五作者。

王铁冠正在为师生作报告

“择业先择师，做事先做人。”王院士的谆谆教诲和身体力行就像一盏明灯，始终指引着学生们奋力前行。

砥砺前行攀高峰

如今，王铁冠已经登上了地球科学的一座峰峦。多年来，发表论文174篇（含英文42篇），合撰专著13部，译著6部，完成科研报告40份。论著被SCI、EI各收录31篇，SCI引用达321次。曾获得“李四光地质科学奖”（地质研究者奖）、中国科学技术发展基金会“孙越崎能源大奖”、中国石油天然气总公司“铁人科技成就奖”（银奖）、国家自然科学奖（二等奖）和科技进步奖（三等奖）以及10项部级科技进步奖等。

“青山高而望远，白云深而路遥。”耄耋之年，登高远望，王铁冠教授感到路途仍就遥远，他还要不懈地攀登，攀登。

来　源：人民日报
作　者：徐芳燕　徐文华
编　辑：王　冉
审稿人：刘俊鑫

踏遍山河增壮志　一生求索昭丹心

——记李四光地质科学奖获得者冯增昭

冯增昭，教授，博士生导师，男，1926 年出生，河南登封人，毕业于清华大学。曾任职于中国石油大学（北京），担任中国矿物石地球化学学会常务理事，是定量岩相古地理学的开拓者。冯增昭先生以沉积学的理论为指导，以科研实践中探索出来的" 单因素分析综合作图法" 为方法论，以实测的基干剖面所取得的各种第一手的定量资料为立脚点，以中比例尺的图件为主，对华北地区的下古生界和华南地区的石炭系、二叠系及三叠系，进行定量岩相古地理研究和编图，取得了重要的科研成果。获李四光地质科学奖，国家级教学成果奖二等奖，石油天然气总公司科学技术进步奖一等奖，国家教委科学技术进步奖二、三等奖等多项奖励。

从冯增昭 26 岁开始，到如今鲐背之年，他没有一刻不将这十二个字谨记在心。从风华正茂、书生意气的学生到著作等身、桃李天下的教授，从立志“找矿救国”的热血青年到享誉国际的岩相古地理学研究大师；67 年来，为了中国沉积学和古地理学的发展，他一笔一笔描摹大江南北岩相面貌，一步一步丈量长城内外山河大地。他作为地学崇拜者和献身者的一生，是一曲初心不忘、矢志报国的长歌。

三尺讲台教书匠，千里路途“冯铁腿”

行万里路，读万卷书。这八个字从高中开始便镌入冯增昭的脑海，为了践行理想，21 岁的他投身地质，在这条路上，一走就是 72 年。

冯增昭从清华大学地质系毕业、并留校担任助教时，国家正筹备创建北京石油学院，于是他从清华大学转入了该院钻采系和勘探系，成为我国第一所石油学院地质系的创建者之一。1969 年，他随学校一起搬迁到山东东营，从设备完善的北京石油学院校园到山东矿区的“干打垒”平房，他与全校师生在一片荒芜中重建校舍。盐碱荒野、生活艰难，教学条件匮乏、科研物资缺失；他白天给学生上课、在“五七农场”劳动，晚上点着煤油灯仔细备课、专心译著。几年之内，《沉积岩成因》《白云化作用》《深水碳酸盐环境》等共 270 余万字的译著相继问世，内容涉及到石灰岩的分类、海洋碳酸盐岩、碳酸盐岩沉积模式等沉积学的各个领域。他将国外大量优秀成果引入中国，为我国沉积学尤其是碳酸盐岩沉积学的快速崛起，做了开创性工作。

冯增昭正在进行野外地质考察

“翻译起家”的冯增昭逐渐意识到，要推动中国沉积学的发展，必须创立有中国特色的碳酸盐岩学及岩相古地理学。在地质研究中，没有实地测量，一切都是空中楼阁。为了拿到第一手资料，建立中国岩相古地理学理论并绘制《中国古地理岩相图集》，他反复深入华北、华东、西南、西北等地区野外踏勘，多次带领学生在冀东、鲁南、扬子、四川、内蒙古、山西、江苏等地进行综合地质考察；他与学生一起睡马棚，住大通铺，啃凉馒头，喝生冷水，忍受腰肌劳损疼痛，从不停下脚步。他的前进步伐让很多年轻人和国内外专家学者为之瞠目，“冯铁腿”这个绰号叫响在地质学界。

在数十年如一日的探索中，冯增昭取得了中国沉积学界无数个第一。他是第一个将国外碳酸盐岩岩石学的新理论和新方法引入中国的人，他翻译的《石灰岩类型的划分》更是揭开了中国碳酸盐岩研究的新篇章；他深入钻研中国岩相古地理，写出了第一部全国范围的定量岩相古地理学专著——《中国寒武纪和奥陶纪岩相古地理》；他提出的岩相古地理学新方法——“单因素分析多因素综合作图法”成为定量岩相古地理学研究的重要手段。

期刊震国际，老骥志千里

退休之后走下讲台的冯增昭，身有旧疾，随年岁渐长，步伐渐缓、脊背渐弯，当年健步如飞的一双“铁腿”逐渐被岁月侵蚀，他甚至自嘲变成了“泥巴腿”。但此时的他并没有停下脚步，而是迈着“泥巴腿”马不停蹄地开始了他学术道路的新征程。

1999年，已经73岁的冯增昭，胸中正在酝酿一个壮志，要为中国古地理学开辟属于自己的前沿阵地，要让中国古地理学走向世界。

1999年2月，在这位古稀老人的坚持下，六万块钱、一个编辑，连刊号都没有的《古地理学报》就这样问世了。冯增昭作为主编，为了争取一个刊号、为了保障期刊的发展，将自己退休前攒下的几十万元倾囊拿出，到处奔走拜托有能力的学生和朋友“捧钱场”，联系同事和教授写稿件“捧文场”，邀请11位院士加入编委“捧人场”。在这股子“野性”和“闯劲儿”的支撑下，《古地理学报》阔步发展，2002年入选中国科技核心期刊，2008年入选中文核心期刊名录，2次荣获中国高校优秀学术期刊奖，已经成为地学领域的权威期刊。

2012年7月，已经86岁的冯增昭终于将第一期 *Journal of Palaeo-Geography* 出版。从此，中国古地理学的创新和发现有了走向世界的通途，国外古地理学的优秀文章和技术也有了引进国内的道路，极大地推动了国际古地理学的发展。

冯增昭的壮志不止于此，93岁的他要继续为古地理学开垦阵地。在他的推动下，2019年9月，国际古地理学会即将在中国石油大学（北京）成立，他主动让出学会主席的职位，把带领国际古地理学发展的机会留给下一辈。而他在幕后，看着古地理学的蓬勃发展，满怀欣慰。

冯增昭正在传授地质专业知识

从73岁一力创办《古地理学报》、到86岁坚持出版英文版、到93岁推动成立国际古地理学会，辛苦的工作让冯增昭难以长时间照顾家人，即使在双休、节假日，小小的主编办公室里仍能见到那个伏案工作的清瘦背影。家人甚至为他取了外号“何苦来”——年事已高还要坚持上班，何苦来？为了地质这样拼命工作，何苦来？

“何苦来？为了祖国，为了地质事业，我要干下去。”

一颗赤子心，满腔报国情

冯增昭读中学时，抗日战争全面爆发，他立志要“找矿救国”，毅然投身地质；1952年，冯增昭从清华大学毕业并留校担任助教，一介弱书生，满腔报国志，虽不能沙场为国死，马革裹尸还，但坚守教育一线，为祖国培养一代代优秀的栋梁，是他毕生的事业。“弟子成才，胜于著译，竞为国用，堪慰吾心。”

文革期间，国外沉积学尤其是碳酸盐岩岩石学迅猛发展冯增昭顶着被扣上“白专”“崇洋”“媚外”等帽子的重大压力，主译并出版了6部国外沉积学尤其是碳酸盐岩岩石学专著及多篇论文。“翻译起家，译亦创作；外为我用，收益颇多。”这些译著是我国碳酸盐岩岩石学及沉积学兴起和发展之先河，功不可没。他还多次举办学习班、进修班和讲座，将国外的先进理论传播给国内同行，共同促进中国古地理的发展。

1993年9月是冯增昭人生崭新的开始，因为此时已经67岁的他终于如愿戴上党徽、举起右手在党旗下庄严宣誓，成为了一名中国共产党员。从1951年他提交入党申请书开始，已经整整过去了42年。坚持入党，是他对党和国家的信仰，对为共产主义奋斗终身的渴望。

“路漫漫兮坎坷崎岖，四十二年兮吾志不移，而今如愿兮又复何求，共产主义兮奋斗到底。”

从“冯铁腿”到“泥巴腿”，再到“何苦来”，冯增昭认为自己只是在“老老实实尽到一个大学老师应尽的责任，一个地质学家应尽的责任，一个共产党员应尽的责任”。回首67年的坚守和付出，他说：“要听毛主席的话，一个人能力有大小，但要努力做一个高尚的人，一个纯粹的人，一个有道德的人，一个脱离了低级趣味的人，一个有益于人民的人。”

——“小车不倒只管推！”

——“倒了怎么办?”

——“扶起来再推!”

——“要是扶不起来呢?”

——“那我的生命就结束了。”

修己以敬，精益求精，冯增昭是搭建中国古地理学大厦的第一工匠。“老牛自知夕阳晚，不待扬鞭自奋蹄。”93 岁高龄的冯增昭仍在竭尽全力地推着古地理学的车轮，步履坚定、一路向前!

执笔人：张镭宝

审稿人：刘俊鑫

不忘初心　我为祖国找油气

——记李四光地质科学奖获得者庞雄奇

庞雄奇，1961年出生，中国石油大学(北京)副校长，地学院盆地与油藏研究中心教授、博士生导师，中国石油学会理事、国家“863”项目油气勘探与开发技术主题评审专家兼召集人，连续两次被聘任为国家重点基础研究规划“973”项目首席科学家。三十多年来，一直从事油气地质与勘探的教学和研究工作，以主要完成人和负责人的身份组织并完成了国家和省部级重大项目24项。

指导学生或以第一作者发表论文276篇，出版第一作者著作13部；作为主要完成人获得国家科技进步一等奖1项、二等奖1项；以第一完成人获得省部级科技进步一等奖8项、二等奖2项，以第一完成人申请国家专利29项、授权14项，获得软件著作权10项。

1993年，获全国优秀教师奖章和荣誉称号；1995年，首批入选国家“百千万”人才工程；2000年起享受政府特殊津贴；2003—2017年，担任《石油科学》(*Petroleum Science*)主编，并在期间使这一刊物进入石油与工程领域第一梯队而受到国家相关部门的奖励；2017年，获得“李四光地质科学奖”。

在宁静的中国石油大学(北京)校园里，时常可以遇见一位疾步行走的教师。他总是提着公文包，戴着有厚厚镜片的眼镜，低着头快速穿行于校园中，似乎连走路时都在思考问题，他就是全国优秀教师庞雄奇教授。

赤心热诚，好之乐之

庞雄奇常说，怎样选择自己的专业？要选自身热爱的、可实现价值的和对社会有贡献的专业。对于油气地质与勘探专业，无论是教学还是科研，庞雄奇敬业奉献、兢兢业业三十余载，无疑是至诚热爱的。这份赤心热忱源于从小对自然和地质的亲密接触与不断探索。庞雄奇的故乡在湖北省崇阳县港口乡洞泉村，此地临近武汉市并盛产各类矿产。庞雄奇小时候就常看到有地质学者背着包，拿着榔头、放大镜来到自己家门前的实习基地搞测量、做研究。怀着对广阔自然的好奇和对大千世界的憧憬，更源于对地质研究的一片赤心，只要地质学者们一来，年少的庞雄奇就追随他们漫山遍野地跑。从那时起，庞雄奇便与地质和油气结缘，梦想着从事油气地质的工作，最大的理想是要为祖国找油、找气！童年的理想并没有随着年岁的增长而磨灭，这份热忱一直未曾消减。1978 年，庞雄奇参加高考，在填报志愿时，他选择了江汉石油学院、武汉地质学院和武汉水利工程学院，专业清一色地与地质和勘探相关。最终他以优异的成绩考入江汉石油学院勘探系，自此，庞雄奇真正开启了他的油气地质科研生活，并坚定不移地走上了为祖国找油、找气的人生道路。

学习对于许多人来说是件辛苦的事情，然而庞雄奇却总说他从小学读到博士后，一直觉得读书学习是天底下最幸福的事情，这与他怀揣梦想、一辈子都在做自己喜爱的工作有关。由于地质专业的艰苦、学校设备的简陋，当年许多同学萌生了转专业甚至退学的念头。当时，描述地质工作者很写实的一句话就是“上山背馒头，下山背石头”。也有人对油气地质与勘探这个专业嗤之以鼻：“远看像个要饭的，近看像个逃难的，走近一看是个搞勘探的。”不论旁人如何看待，庞雄奇认准了这条道路就义无反顾。他觉得：“再苦再累对于我来说，根本不算什么，只要自己喜欢就好！”为了得到完整的实验现象，庞雄奇除了吃饭、洗澡，其余时间都在实验室，连续一个月睡在实验室；为了保障科研进度，常常加班到深夜，他年轻时也曾在大楼关闭后翻墙越窗进入办公楼；他提倡产学研结合，一出差就是几个月；他担任校领导期间，也总是牺牲假期时间带领学生前往各大油田现场。

不仅如此，庞雄奇还从这神圣、孤独和寂静的苦行中获得了莫大的快乐。庞雄奇不止一次跟他的学生回忆起，当年和同班同学兼好友黎茂稳老师（入选国家千人计划，国家“973”项目首席科学家）针对地质专业知识互相设题、互相回答的情形，并规定谁能有理有据说服对方，或者设出问题难倒对方，则可得到一定奖励；同时，另一人则要受罚。两人会因为一个问题的观点不同而争得面红耳赤；也会因为解决了某个难题取得了进展，激动得夜不能寐，无限趋近于真理的感觉让他们感到欣慰和自足。因为热爱，所以虔诚；因为虔诚，所以投入；因为投入，所以快乐。心向往之，乐此不疲！

匠心独运，务实求真

多年来，庞雄奇潜心笃志投入到盆地分析、油气资源评价、油气成藏机理与分布规律的学习与研究中，用一颗纯粹的匠心，脚踏实地、求实求真，又大胆突破创新。倾注了时间和心血，累积出的必然是硕果芳香。庞雄奇最突出的创新成果是提出“油气门限控藏理论”，这一理论开拓了一个全新的勘探油气的方法，已在国内外 26 个盆地和探区得到应用。

一切始于在大庆石油学院攻读硕士研究生期间，庞雄奇作为学生跟着导师为油田公司做油气资源评价研究工作，他们花费三年时间辛苦测算出来的结果，相关领导和专家并不相信；到后来，他们只好依据油田领导和专家们的经验结果，修改油气运聚系数，改动了原来预测的结果。人为主观因素对资源评价结果影响如此之大让庞雄奇不禁感慨，他暗下决心要研究出一种新方法，以便得出更为科学严谨的资源评价结果，并消除人为主观因素对最终研究结果的影响，让领导和公司信服且放心。从此，他便开始潜心研究油气生排运聚过程中的临界条件或油气门限的控藏作用，希望通过这一“切入点”打开油气成藏与分布的奥秘。

1991 年，他提出了“排烃门限”的概念，修正和改变了长期以来基于源岩残留烃量判别和评价有效源岩并指导油气勘探的逻辑错误。同时，在实践中得到检验，相关成果在国内外高级别刊物中发表。此后，他基于“油气门限控藏”的学术思想一直在同一领域开展研究，通过统计分析、物理模拟和数值模拟等多种方法和技术，发现含油气盆地存在三类十种油气门限，它们在盆地形成与演化过程中的联合、组合、复合决定着油气藏的形成和分布。结合近 30 年的探索和在国内外 26 个盆地和探区的应用检验，这些成果先后以《油气运聚门限与资源潜力评价》《油气分布门限与成藏区带预测》和《油气富集门限与钻探目标优选》三部理论专著的形式出版。同时，庞雄奇还与很多油田公司的专家学者联合出版了 12 部与各类盆地和地质条件相关联的应用成果专著。围绕相关成果，庞雄奇及其带领的团队共计发表 360 余篇论文，申请 34 项发明专利，已获得 14 项发明专利授权和 10 套应用软件著作权。

实践是检验真理的唯一标准。油气门限控藏模式和相关技术软件在实际应用中得到了检验。庞雄奇参与完成了中国石油集团第一个重大应用基础研究项目，发现中国大中型油气田形成分布在烃源中心 100 公里之内并预测了潜在有利目标，作为主要贡献者之一获得国家科技进步二等奖；参与完成了中国石油化工集团有限公司第一重大应用基础研究项目，揭示出济阳坳陷隐蔽油气藏形成分布在外部势高于内部势 2 倍以上的砂岩体内，作为主要贡献者之一获得国家科技进步一等奖；参与了中国海洋石油集团有限公司第一个重大应用基础研究项目，发现 90% 以上的油气藏分布在烃源灶、有利相、区盖层、低势区四个控藏门限叠合区，作为主要贡献者获得我国首批中国产学研合作促进会创新成果一等奖。此外，在马达加斯加指导油气勘探获得重大突破，预测并部署钻探的三口探井均发现油气层，其中一口井日产天然气超过 15 万立方米，为中国石油大学(北京)获得 1000 万元捐赠；在哈萨克斯坦楚萨雷苏盆地指导油气勘探发现 3C 储量超 1500 亿立方米大气田并得到国际评价公司(GCA)确认。

初心不忘，授人以渔

庞雄奇总是心怀感恩，他说："我们是这个时代最幸运的人，看到了这个时代的变化，看到了祖国由弱变强，并为此付出了心力，也得到了回报。今天美满的生活是自己以前没有想到的，更是父母们从来没有梦想到的。"1995 年，国家选派一百名跨世纪学科带头人出国留学深造，庞雄奇作为中国石油系统唯一入选者，被送往美国南卡罗莱纳大学跟随世界著名科学家伊恩·莱尔歇(Ian Lerche)教授学习"盆地模拟"的理论和方法技术。一年之后，庞雄奇在南卡罗莱纳大学进修完成了博士后课题研究，跟那个年代的所有留学生一样，他面临着继续深造还是回国效力的艰难抉择。由于当时世界石油行业并不景

2017 年庞雄奇与学生合影

气，庞雄奇在美国工作的表妹，已经为他做好转学计算机专业的准备，导师也准备好了继续研究工作的科研经费。然而，庞雄奇不忘初心，牢记自少年时代一直坚定不移的梦想：为祖国找油气！他说："国家花重金培养我们这批人，单是每人每月的费用就相当于4~5名一般访问学者的花费。国家需要我们，倘若不回去，良心上就过不去。"

庞雄奇不仅自己献身于为祖国找油气的事业中，而且也尽心竭力培养可以为祖国找油气的优秀人才。"授人以鱼不如授人以渔"，庞雄奇从事油气地质与勘探教学工作以来，一直是秉持这样的理念。与学生在一起，他是位和蔼可亲的师长。他的积极进取、乐观向上、刻苦钻研都是学生们学习的榜样，带给他们无限正能量。庞雄奇最新开设的课程"追梦地球，寻找石油"采用"教师讲解 + 文献检索与阅读+ 研讨+ 参加学术会议+ 野外实习"的综合模式和小班教学形式，教学方式与国际接轨，使大学一年级的新生全方位地了解石油地质专业，引领并培养他们对油气勘探的兴趣。

培养自己的研究生，庞雄奇更是不遗余力，到目前共培养了博士和硕士研究生147名。只要是有利于学生成长和发展的事情，他一律支持。例如：他支持硕士研究生和博士研究生多发表文章，参加国际、国内会议，出国攻读博士研究生学位，目前已经支持培养海外博士学位学生10人。他鼓励学生申请国际、国内各大奖项，他培养的学生中共计已有9人获得美国石油地质学家协会(AAPG)助研金。其中，2017年的该项资助在全亚洲仅5名，却有4名学生来自庞雄奇在读的硕士研究生和博士研究生。有2名学生分别获得李四光优秀博士研究生奖和优秀硕士研究生奖，其中博士研究生胡涛为中国石油大学(北京)唯一的获奖者。另一名李四光优秀硕士获奖者彭俊文(目前在美国德州大学奥斯汀分校攻读博士学位)，还获得了《海洋与石油地质》(*Marine and Petroleum Geology*)杂志论文的杰出评审奖。他的研究生团队还获得中国石油大学(北京)"研究生十佳集体"荣誉。他早期培养的学生步入社会后已经在岗位上为祖国找油气或培养年轻人才做出了卓越的贡献。目前，在油气地质与勘探界，比较活跃的3位女地质工程师中有2位是庞雄奇的学生。还有庞雄奇的毕业生任中国石化国勘澳大利亚公司代理总经理等，已经将油气地质与勘探的事业推向了国际。

为了提高学生作报告的能力，使学生适应社会和业界当下对人才"既要会做学术也要会展示成果”的要求，从 2014 年开始，庞雄奇作为油气成藏定量研究团队的负责人，组织团队教师和学生于每周日晚上 7 点～9 点召开自由学术报告会。报告会旨在锻炼学生提出问题、分析问题、解决问题并得出结论的科学思维，并培养学生口头表达能力。同时，设置了学生点评环节，锻炼了学生点评的能力，这一新奇的设置，让学生变换角色去发现汇报者的不足从而全面提升自己。庞雄奇及团队其他教师每一期报告会都会到场，用大量的时间和经验悉心指导每一位学生，同时每期还邀请行业内的不同教授、学者或油田专家等作为特邀嘉宾到场指导，并给予每一期优秀报告人荣誉证书和奖金的鼓励。截至 2020 年，报告会已历经六载，成功举办了 180 多期，并且会一直延续下去。自由学术报告会形式新颖且效果立竿见影，石油领域的各位前辈教师“多对一、面对面”同时指导学生，全方位锻炼学生科研、表达与点评等各种能力，早已在中国石油大学(北京)“专心致志地做好一件事”“竭诚尽力为国家做点事”校园引起轰动，在师生中广受好评。

庞雄奇时常跟学生讲，他这一辈子能在自己喜爱的石油地质与勘探领域内有今天的成就，离不开社会和许多人对他的帮助和指导。每一次开学见到学生的时候，庞雄奇就会跟学生们传达他的感激之情，他说：“感谢父母的养育和乡亲的帮扶。感谢招生制度改革使我高中应届毕业就能考大学并学习了自己最喜欢的地质专业。感谢改革开放使我作为石油界唯一的跨世纪学科带头人出国留美深造。感谢恩师，大庆石油学院的硕士生导师陈章明教授，中国地质大学的博士生导师陈发景教授，世界著名科学家、美国南卡罗莱纳大学教授伊恩·莱尔歇(Ian Lerche)等。感谢金之钧院士、王铁冠院士等前辈、同行，对我做学问的指导和肯定，引领我在为祖国找油气这条道路上一往无前，感谢张一伟教授、王涛部长等对我的教导，我要多回报社会，为祖国建设贡献自己的绵薄

自由学术报告会第 100 期合影

之力。”庞雄奇一路走来，把社会国家、父母亲友及恩师前辈等对他的扶持帮助铭记在心，同时，也把这种感恩以尽心尽力培养学生、帮助他人、回报社会等实际行动传承下去，将“师者”这一伟大的职业做到了至高境界。

行者无疆，作为寻找油气路上的行者，其追求是无止境的。今天的庞雄奇更希望在石油地质领域精进。

执笔人：周学智、陈君青

审稿人：刘俊鑫

砥砺奋进　坚守油气科研前线

——记国家杰出青年科学基金获得者邱楠生

邱楠生，男，福建连城县人，1968 年 7 月出生，教授，博士生导师，国家杰出青年基金获得者，教育部长江学者特聘教授。1989 年淮南矿业学院（现安徽理工大学）本科毕业，1991 年于中国矿业大学北京研究生部获煤田地质学硕士学位，1994 年于中国科学院地质研究所获构造地质学博士学位。1998 年 10 月—1999 年 4 月在美国俄克拉荷马州立大学（Oklahoma State University）作访问学者。1994 年 7 月至今在中国石油大学（北京）盆地与油藏研究中心从事教学与科研工作，2012—2016 年担任中心主任。研究方向为沉积盆地温压场、盆地构造—热演化和油气成藏机理。发表 SCI 收录论文 80 余篇（其中第一/通讯作者 60 篇），出版专著 3 部。获得教育部自然科学一等奖等省部级一等奖 5 项，2003 年获得青年地质科技奖、2005 年入选教育部“新世纪优秀人才支持计划”，2011 年获国家杰出青年科学基金资助，2013 年入选教育部长江学者特聘教授，2014 年获第七届黄汲清青年地质科学技术奖，2016 年入选科技北京百名领军人才培养工程，2017 年获评北京市优秀教师。

陌上人如玉，君子世无双，说的便是北京市优秀教师邱楠生教授。长期以来，邱楠生教授对待教育工作始终兢兢业业、严谨求实，践行着习总书记的“四有”好教师标准。拥有忠诚于党和人民教育事业的坚定理想信念和高尚道德情操、富有扎实的专业学识和不断开拓进取的恒心、具有一颗培养学生的仁爱之心。经过近三十年的辛勤耕耘，在教学、科研和人才培养方面做出了一系列突出成绩。

服务国家需求，潜心科研，“温”故知新

温度是地球内部最重要的物理性质之一，但是要获得地球数亿年以来的

古温度演化过程却是地学界的难题。博士毕业时，本可以留在北京市区中科院研究所继续从事地热学专业研究的他，毅然来到了位于郊区昌平县的石油大学。因为这里是国家油气勘探研究的前沿基地，是实现他内心远大抱负的理想去处。温度是制约油气生成与保存的最关键因素，他一直致力于将地热学基础理论应用于石油和天然气的勘探与开发，进而服务于国家能源需求。经过近 20 载的不懈努力，他成为中国石油大学(北京)地球科学学院自己培养和成长的第一位国家杰出青年科学基金获得者和长江学者特聘教授，成为国内石油地质学领域具有较大影响力的学者之一。

醉心学术，是对他科研态度的真实写照。二十多年来，他一直默默奋战在基础科学研究的最前沿，用扎实出色的业绩，树立了一名优秀教师党员的厚重形象。针对沉积盆地深部油气勘探实践与传统生烃理论相悖的前沿科学问题，他在深入归纳总结传统古温标方法和早期研究认识的基础上，探索性地将低温热年代学技术引入到沉积盆地古地温场研究领域。在洞悉不同古温标方法的温度敏感性存在差异的基础上，开创性地建立了多种古温标耦合反演方法体系，在此基础上揭示了我国西部海相沉积盆地早期的古温度场，从而为深部、古老层系油气勘探和资源评价提供了重要的基础参数。相关成果发表在石油地质领域顶级期刊 *AAPG Bulletin*、地学顶级期刊 *Gondwana Research* 及《中国科学》等国内外重要学术期刊上，并应邀在第 12 届、13 届国际热年代学大会上做大会学术报告，得到国内外同行的高度评价。作为油气资源与探测国家重点实验室常务副主任，他除了认真处理实验室日常事务外，还带领课题组建立了集多种热年代参数测试的热年代学实验室，极大地提升了我校在热年代学研究领域的国际影响力。

付出总有回报。出色的科研成绩使他获得多个科研奖励，如：2003 年获得第九届中国青年地质科技奖；2006 年以第一完成人获得教育部自然科学一等奖；2011 年获得国家杰出青年科学基金；2013 年入选教育部长江学者奖励计划；2014 年获第七届黄汲清青年地质科学技术奖-科技研究者奖(该奖项每两年一届中仅评出科研奖 5 人，是一个学者在 45 岁之前能获得的地质领域最高奖项)；2016 年入选科技北京百名领军人才培养工程，是石油与天然气领域唯一的入选者。对待这些奖励，他总是淡然的说：“奖励是对我研究工作的一种肯定。我将更应该刻苦专研，在研究领域继续深挖探索，以期解决国家能源需求所面临的瓶颈问题”。

教研相长，教学效果显著

以研促教，是他作为教师始终坚持的工作目标。为提升大学生学术论文写作能力，他首次为本科生开设“科技论文写作”课程；结合个人研究方向和国家对新能源人才需求开设“地热资源勘查”课程，让大学生及时了解国内外新能源发展的新动向。另外还主讲“沉积盆地温压场”“地质过程定量模拟”“地热学基础”等研究生课程。在教学过程中，他始终坚持将最新科研进展融入到教学中，做到教研相长。除课堂传授外，他还重点培养学生的动手能力。通过让学生们积极参与热年代学实验操作各个环节，激发他们对科学研究的兴趣。自执教以来，他对自己高标准，严要求，凭着强烈的事业心和高度的责任感，勇挑重担、无私奉献，出色地完成了各个教学任务。2017 年被评为北京市优秀教师。

立德树人，桃李自成蹊

在研究生培养方面，他倾注了大量心血。邱楠生教授十分注重因材施教，从跟每个研究生接触的第一天起，就开始了解分析学生的特点和兴趣所在，与学生一起商定研究方向。他表示对学生要求最严的有两点：一是选准科学问题，培养辨析核心问题的灵敏嗅觉，二是努力钻研，进入时刻思考问题的科研状态。他注重培养学生的创新能力、独立思考能力和动手能力，通过指导、交流与相互探讨的方式锻炼学生综合分析问题和解决问题的能力。他始终秉持着“授人以鱼不如授人以渔”的教育理念，努力培养每一个学生的科研思维。目前已在浙江大学任教的学生刘一锋仍时常回忆起邱老师的谆谆教诲：“或许你们毕业以后从事的具体研究方向和研究

2018 年邱楠生与毕业学生合影

生学习期间不同，但你们从我这里学到的科研素养和创新思维将终身受益”。在培养学生专业论文写作过程中，邱楠生教授更是认真负责，总是一遍一遍地与学生讨论并指导修改。现在西安交通大学任教的学生许威曾说：“邱老师平时非常严谨认真，每次审阅我的论文和材料，都是逐字逐句的进行修改，哪怕一个标点符号，都会详尽的标注出来，对老师是深深的感动和佩服”。

邱楠生教授积极派遣研究生参加国内外学术交流，开拓学术视野。其中有 4 名研究生赴美国和英国相关实验室开展半年至一年的合作研究，前后有 25 名研究生出国参加国际会议并用口头报告或展板的形式交流成果。赴英国格拉斯哥大学交流学习一年并已留校任教的学生常健回忆道：“在我申请出国交流学习时，由于时间紧张无法申请国家留学基金，邱老师就从科研项目经费中给予我帮助，解决了我的后顾之忧。我跟随邱老师的时间最长，受益也最多。邱老师是我一直学习的榜样，他像一盏指明灯指引着我前进”。邱楠生教授积极鼓励研究生在学术期刊上发表研究成果，近年来有多名硕士研究生在国内外学术期刊发表了 SCI 或 EI 收录论文，大部分博士生均在本领域顶级期刊上发表多篇学术论文。

正是由于正确的教育理念和富有责任感，他培养了一批又一批优秀毕业生，其中 6 人获得学校优秀硕士论文，3 人获得学校优秀博士论文。毕业的研究生大都在全国各大油田科研单位和国内著名高校继续从事油气、地热勘探方面的科研和教学工作，为石油地质、地热人才培养做出了贡献。

审稿人：刘俊鑫

倾注心血执着坚守　慈母情怀心灵导师

——记全国五一巾帼标兵尹秀英

尹秀英，女，1963 年 11 月出生，黑龙江省佳木斯人。1985 年 5 月入党，副教授。曾任院工会主席、系党支部书记、环境科学专业负责人、校大学生创新创业训练计划指导专家、《高教学刊》编辑委员会委员。1985 年毕业于长春地质学院地质系，获地质学学士学位，1988 年毕业于长春地质学院地球科学系，获地层学及古生物学硕士学位，2002 年毕业于吉林大学环境与资源学院，获水文与水资源学博士学位。1988 年硕士毕业留校任教，2003 年至今在中国石油大学(北京)任教，主要从事环境科学专业的教学与科研工作，主讲环境科学概论、环境管理学、环境科学认识实习和生态环境质量评价等本科和硕士研究生课程，主要科研方向为生态环境预警评价、环境经济与管理、自然资源可持续利用等。曾获校 2004—2006 年度优秀教师、校 2009—2011 年度优秀共产党员、北京高校 2010—2012 年创先争优优秀共产党员、2015 年全国五一巾帼标兵和 2016 年北京市驻昌高校支教先进个人等荣誉称号。

愿为心灵间架起绚丽彩虹

“我做事比较专注，只要认为是有意义的事，就会投入很多精力。做事就要做好，不然就不做。”这是中国石油大学(北京)地球科学学院副教授尹秀英对自己的评价。

2015 年 4 月，尹秀英获评中华全国总工会全国五一巾帼标兵，全国高校共有 9 人获此殊荣。这一荣誉既是对她从教 27 年辛勤劳动给予的嘉奖，也是对她一贯坚持精益求精做人、做事的回报。谈及自己多年的从教生涯，她说：

"无论是生活还是工作，不需要刻意去追求什么，都要抱着把事情尽力做好的信念和专注投入的态度。"

33 年教书育人执著坚守

尹秀英 1988 年自长春地质学院地层古生物学专业研究生毕业后，留校任教，至今已从教 33 年。1999—2002 年在职攻读并获得了吉林大学水文与水资源学博士学位，2003 年调入中国石油大学(北京)地球科学学院任教。

尹秀英刚来石大时，环境科学专业刚刚创办，专业建设亟待完善，任课教师紧缺。基于她的工作经历，学院分配给她的主要任务是协助专业负责人开展专业建设工作，将工作重心放在教学上。她接受了这一任务，并视之为应该肩负的责任而默默奉献。一个专业从无到有，需要做大量基础工作。培养计划的修订、课程大纲的组织编写、实验室和实习基地的零起点建设等，内容多，任务重，人手少，教学急需，但尹秀英没有在困难面前退却。她把主要精力放在教学上，放弃了一些本可以承接的科研课题，也放弃了许多休息时间。在她和学院教师们的不懈努力下，环境科学专业建设顺利开展，取得了较好的成绩。2008 年，她又从协助专业建设的角色转到了专业建设负责人的角色。

尹秀英深入社区组织教工党支部活动

最初几年，因专业师资力量不足，尹秀英讲授本科生的"环境科学概论"(全校通识课)、"环境管理学""环境经济学"等课程，教学工作量每年多达 400 学时。之后随着师资队伍的壮大，她的教学任务虽有所减轻，但年均教学工作量也达到了近 300 学时。同时，尹秀英围绕环境科学专业课程体系建设、课程建设、教材建设、实验室建设和实习基地建设等，潜心开展教学改革研究，先后主持 1 项国家级、2 项北京市级和 8 项校级重点教改项目，其中

2 项分别获校第五届、第六届优秀教学成果奖一等奖，1 项获校第七届优秀教学成果奖二等奖；主编普通高等教育“十一五”规划教材 1 部；在学校教学团队建设中，她负责的“环境科学认识实习”教学团队成为学校首批校级培育教学团队之一；此外，她还指导了 10 余项国家级、校级大学生创新创业训练计划项目和社会实践活动。

“我属于笨鸟先飞型的。”尹秀英对于自己的努力很谦虚，“上大学的时候，身边有些非常聪明的同学，考试前翻翻书，看看笔记，就能取得好成绩，我不行，我要花很多时间复习、总结、整理答案，才觉得有把握。”直至现在，她做每件事都是如此，认认真真、踏踏实实，用心去完成。

倾注心血的心灵之约

“规范、民主、责任、健康、快乐、温暖”是尹秀英担任地学院工会主席时提出的工会小家建设目标。“学院工会就是教职工的第二个家”，她希望通过工会工作让教职工们对学院产生强烈的归属感。为此她以服务、关爱教职工为工作理念，以教职工们的健康、快乐为工作动力，倾注了大量心血，用心、忘我、创造性地开展工会工作。

“三八”妇女节到了，她组织开展“女教师厨艺展示”活动，让学院女教师们工作之外尽情展示别样风采；“六一”儿童节之际，她组织教职工子女参加“寄语灾区小朋友们”活动，传播爱的正能量，孩子们为灾区小朋友送上的一句句祝福的话语感动了在场的每一个人；春节到了，她举办学院的“春节联欢会”，学院教职工在联欢会上参加切土豆丝比赛和削苹果皮比赛，欢乐爆笑和谐的场景至今深深印刻在老师们的记忆中；每年的“春赏桃花，秋观红叶”两次长走活动，已经成为学院工会的保留项目；父亲节来临，她瞒着学院的男教师们，和他们的妻子、子女取得联系，让孩子们把自己最想说的心里话写在卡片上，为男教师们“偷偷”准备父亲节礼物。父亲节当天，女教师们朗读了卡片上孩子们写给父亲的心里话，意外的惊喜与感动让平日里很少情感外露的男教师们眼睛湿润了。

功夫不负有心人。2009 年，地学院工会获得了北京市模范职工小家的荣誉称号，这也是石大基层工会获得的第一个市级荣誉称号。而在这个荣誉的背后，尹秀英的艰辛付出只有她自己最清楚。

做战斗堡垒的排头兵

尹秀英是一名老党员，同时又有多年的基层党务工作经验，因此调入学校不久，便被选为地球化学与环境科学系党支部书记，直到现在。

作为一名教工党支部书记，她坚持“围绕学校、学院中心工作，突出服务、科学管理、推动发展”的理念，注重发挥基层党组织的战斗堡垒作用和党员的先锋模范作用，为系教学、科研和学科建设提供了坚实的思想和组织保障。她积极开展党建理论研究，申报学校党建、思想教育及行政管理课题，探索新形势下高校教工党支部创新组织生活的新思路；她认真贯彻落实上级党委布置的各项工作，组织系全体教职工到西柏坡、昌延联合县政府旧址等地开展“寻找党的足迹，参观革命圣地”“踏寻红色足迹，坚定理想信念”等主题活动；她着眼长效机制，发挥学科优势，先后与昌平区畅春园和创新园社区党支部共建党员志愿服务站，组织师生走进社区开展垃圾分类环境宣传教育活动，组织社区居民和师生到朝阳区循环经济产业园参观垃圾资源化利用、到首都展览馆参观南水北调中线工程展览等实践活动。2014 年，由中国石油大学(北京)推荐，创新园社区被北京市教工委批准成为第二批北京高校青年教师社会实践基地。

在她的带领下，在全系教职工的努力下，地球化学与环境科学系党支部被评为校 2007—2009 学年、2011—2013 学年校先进党支部，2012 年、2013

尹秀英带领支部成员参与社区共建

年连续两年党支部主题实践活动获校教工党支部优秀主题实践活动一等奖。尹秀英被授予了学校 2009—2011 学年优秀共产党员荣誉称号和北京高校 2010—2012 年创先争优优秀共产党员荣誉称号。

仁爱之心慈母情怀

教书育人是教师的职责，尹秀英不仅尽职还更尽心，她认为爱学生应该成为教师的本能，就像母亲爱自己的孩子一样。她是这样想的，也是这样做的。

2004 年，地学院党政工联合启动了“1+1”助学活动(1 名教师资助 1 名贫困学生)，尹秀英每期活动都参加，已资助了 11 名学生。难能可贵的是，除了给予经济上的资助，她还与学生建立起了长期联系，经常帮助他们解决学习、生活中遇到的实际困难，和学生进行思想上的交流，从思想上、学习上、心理上给予学生自己力所能及的帮助和疏导。2009 年，为了加强对学生的管理，学院首次从教师中选派 3 名女教师做 2009 级学生的“妈妈”班主任，尹秀英是其中之一。自从作了环科 2009 级的“妈妈”班主任后，她创造、利用一切和学生沟通的机会，关注他们的思想动态、学习和生活状况，比如大一带他们到山东东营实习时，她和每一位同学谈心；大三给他们上课时，她利用课下时间与学生交流；节假日，到宿舍看望他们。此外，她还通过辅导员、其他任课教师间接了解学生的情况，和这些学生建立了深厚的师生情谊。

在尹秀英兼任院工会主席期间，她积极倡导教师关爱学生健康成长，并把师生和谐作为院系建设的一项重要内容，组织开展了一系列的活动，如针对女大学生就业、择业、婚恋等普遍受关注的问题，每年的“三八”节举行女教师和女学生师生座谈会。特别是 2009 年的一次座谈会上，女教师们还向每位女学生赠送了看似普通却寓意深刻的礼物——一把雨伞，尹秀英说：“希望这把伞能在未来的学习和生活中为你们遮风挡雨”她的这些付出，她无私的爱心，赢得了学生们的爱戴，得到了学生们充满浓浓暖意的回应。每年的教师节等节日里，尹秀英都会收到很多来自学生们的真诚祝福短信，尹秀英说这是她最开心的时刻。

尹秀英说：“一名教师要教授给学生的不仅仅是专业知识，还要教会学生做好对自己学业的规划。”有一次，尹秀英给大一学生上“环境科学导论”，课程快结束时，她要求学生们上交一份作业，其中要包括对自己优缺点的分析，大学本科四年规划等内容。后来，学生们都以为这份作业上交后就意味着课程结束了，虽然他们在作业中提出了自己的疑惑、规划了四年的生活，但是这样的规划是否合理老师可能不会为他们解答。而尹秀英却仔仔细细地看了每位学生的作业，对很多共性的问题分类整理，在后来的一堂“环境科学导论”课上抽出专门的时间对学生们提出的共性问题做出了非常详细的解答，让学生们受益匪浅，更加明晰了自己未来的奋斗方向。

“我就是一个平平凡凡的人，我做的这些事都是小事。”面对荣誉和赞誉时，尹秀英总会这么说。平凡之中蕴藏崇高追求，平静之中饱含满腔热情，平常之中彰显敬业奉献。或许，正是她把用全部精力尽职尽责做好这些平凡“小事”当作自然而然、理所当然的选择，她才在自己与学生、与同事、与团队之间架起了一道如此绚丽的心灵之桥！

审稿人：朱锐

躬身科研结硕果　守望初心育英才

——记北京市先进工作者吴胜和

吴胜和，1964 年出生，中国石油大学(北京)教授、博士生导师，校学术委员会副主任兼人才培养与教学专门委员会主任、校本科教学专家组组长，中国石油学会石油地质专业委员会油气藏开发地质学组组长、中国工程教育专业认证专家。三十多年来，一直从事油气地质领域的教学和科研工作。负责完成国家级和省部级教改项目 8 项，建成 1 门国家级精品资源共享课程、1 个国家级工程实践教育中心，编写出版国家级规划教材 1 部，获国家级教学成果二等奖 2 项、省部级教学成果奖 8 项。以负责人和主要完成人的身份完成了国家级、省部级和企业协作课题 40 余项，获省部级科技进步奖 10 项，其中一等奖 3 项；出版专著 4 部，发表学术论文 160 余篇。2010 年被评为北京市高等学校教学名师，2017 年获首都劳动奖章，2020 年获评北京市先进工作者。

吴胜和教授从教 34 年来，始终守望教书育人的初心。他兢兢业业、勤勤恳恳，力行教学改革，建设高水平教学资源条件，积极开展科学研究，推动学科发展，培养了大批油气地质技术人才。

永葆育人初心的筑梦人

吴胜和教授为学校一线教师，主讲本科生“油矿地质学”、硕士生“储层表征与建模”和博士生“油气田开发地质理论与技术”等课程。他常说自己对讲台充满敬畏之心，上课面对的是充分信任你的学生，是将来要担当国家石油工业发展重任的建设者，必须全身心地投入。每一门课、每一堂课，都要让学生学有所获，不仅收获知识，更要收获能力，还要收获为人为学的道理。虽然他讲授的课程已有较完善的内容体系，但他从不满足，仍是花费大量时间多方搜集最新资料，结合当前国际最新研究动态和最新科研成果，不断更新教学内容。在每一堂课上课前，他都要进行几个小时的认真备课，即使对于讲了几十年的课程也是这样。如油矿地质学，这门课程他已经讲了 20 多年了，课程内容已烂熟于心，但每次上课前也都进行认真备课，精心优化课件，琢磨如何更好地引导学生思考，以培养学生的高阶思维能力，如何更好地提高学生发现问题和解决问题的能力。

他长期担任学校资源勘查工程专业负责人，任劳任怨地进行专业建设，如课程设置优化、课程内容体系优化、教学方式改革、实训实习等教学资源条件建设等。专业建设成果“实施精品战略，建设石油勘探开发品牌专业”获国家级教学成果二等奖（2009），建设的专业于 2014 年高质量地通过了国家工程教育专业认证，并于 2019 年评为国家级一流本科专业建设点。

他对学生的精心指导、认真负责是出了名的。比如，对学生的学位论文，除了过程指导外，他一般要修改 4 次以上，有些学生的论文修改了 10 多次，甚至在出差途中，在飞机上、火车上，还坚持修改论文。有一年他积劳成疾住进了医院，在学生看望他的时候，他还不顾发着高烧，询问学生的论文状态，并提出具体修改建议。

他真诚关爱学生，不仅关心学生的学业，还注重学生的思想和人生观的教育，指导和引领学生健康成长。在 2020 年 2 月 2 日，他针对近期新型冠状病毒感染肺炎疫情的形势，给全校学生写了一封公开信，勉励学生做好科学防护、心理建设、学习规划和在线学习。数十年来，他授课的学生达数千名，并培养毕业了 150 多名博士和硕士研究生，指导的学生曾获全国地质类学生最高奖——李四光奖。毕业的学生大都成为油田企业、科研院所和高校的骨干，很多学生已成长为教授、高级工程师、企业主管等。

吴胜和对学生进行细致指导

锐意教学改革的实践者

他锐意进行教育教学改革，进行教学学术研究。针对传统的“教师讲—学生听”的讲听教学模式的不足，他提出了“以学生为中心”的多元混合式课程教学模式。采取“启发式讲授、研究式学习、研讨式教学”的有机交融，将传统的“以教为中心”转变为“以学为中心”，将传统的“传递知识”转变为“建构知识、训练思维、锻炼能力”。他设计了一套较为完善的课程理论教学—课内专项技能训练—课程综合训练—油田现场实习的一体化教学体系，融知识传授、能力培养、素质教育于一体。他负责和主讲的“油矿地质学”课程在2010年被评为国家级精品课程，2016年获评首届国家级精品资源共享课程。

吴胜和讲授实验课程

在多年的教学中，吴胜和教授深深体会到，科研是促进教学的源动力。通过高级别科研，不仅可使教师站在学科的最前沿，而且将研究成果有机地融入教材、教学课件和实践教学实例中，极大地促进教学水平的提高；教师在教学过程中将自己的科研思维和心得讲授给学生，提高了学生的创新思维能力以及对科学的探索精神。吴胜和教授长期致力于油气田开发地质领域的研究，承担国家级、省部级和油田重大科技攻关项目，足迹遍布我国二十多个油田。在科学研究中求真务实、勇于探索，取得诸多具有创新性的研究成果，出版(合作)了4部论著(教材)(包括我国第一部关于储层建模方面的著作)，发表(合作)160多篇学术论文，获省部级科技进步一等奖3项、二等奖5项、三等奖2项。他提出并倡导多维互动储层构型表征、流动单元的层次分析、相控储层预测等储层表征新方法。针对我国陆相油藏高度非均质的特点，形成了一套适合于不同勘探开发阶段的油藏描述与预测的研究思路，发展了多学科一体化建模、等时约束建模、成因控制建模、多步建模等新方法、新技术。

教学改革取得了丰硕的成果。教改项目“实施精品战略，建设石油勘探开发品牌专业”和“全程、深度、共赢——校企合作卓越工程人才培养模式的构建与实践”，分别于2009年和2018年获国家级教学成果二等奖。主编的国家级“十一五”规划教材《油矿地质学(第四版)》广泛应用于石油高校及相关企业，并获北京市高等学校精品教材奖和中国石油和化学工业出版物奖(教材奖)一等奖；主编的高等院校石油天然气规划教材《储层表征与建模》获北京市高等学校精品教材奖；负责建设的大港油田校外人才培养基地被评为国家级工程实践教育中心。

青年教师“传帮带”的示范者

吴胜和教授继承发扬了老一辈地质学家的优良传统，肩负起学科课程发展的重任。从课程的教学设计、PPT制作、课程作业、考试试卷，到每一个思考题的设置顺序、提问方式等，他都带着团队教师认真研讨。对团队年轻老师，从备课到试讲，从助教到独立讲授，他都会认真地进行指导。团队成员刘钰铭老师在备战2019年北京市教学比赛过程中，吴教授从选题到内容设计、从框架到逻辑思维、从引入到总结、从多媒体到板书都事无巨细亲自指导。在提交教学比赛的课件的头一天晚上，他还组织教学团队老师一起把关，把5个PPT再最后审核一遍，一直修改到凌晨1点多。他有严重的低血糖，不按时吃饭的话会眩晕、颤抖，因此他办公室的抽屉里总是放着巧克力或者零食，以备废寝忘食的工作。他指导的青年教师岳大力教授在2018年获北京市高等学校青年教学名师奖，刘钰铭副教授在2019年获北京市青年教师教学基本功比赛二等奖和全国青年教师地质类课程教学比赛一等奖。

在繁重的教学和科研任务之外，吴胜和教授还承担了大量的社会服务工作。他担任学校和地学院两级本科教学专家组的组长工作，每年听课60多门次，进行教学督导、检查实验实训条件、进行教育教学评估等，尽心尽力地帮助学校督导教学运行过程并及时献计献策。另外，他还承担中国工程教育专业认证评审专家的工作，并主持中国石油学会石油地质专业委员会油气藏开发地质学组的工作以及国际古地理学会的筹备工作。

有人问他累不累，他回答说：“说实在的，确实很累，但教书育人、为国找油是我一辈子的事业，能培养出更多的优秀人才，能为社会多做一些贡献，我觉得很充实。只要身体允许，我会坚持下去。”

审稿人：刘俊鑫

功成有我　不必在我：一个党员教师的学术人生

——记北京市优秀教师钟宁宁

钟宁宁，1960年出生，广东省佛冈县人。中国石油大学(北京)教授、博士生导师，享受政府特殊津贴专家，曾任资源与信息学院副院长、党总支书记。现任油气资源与探测国家重点实验室常务副主任。自1980年代起，钟宁宁辗转中国矿业大学(北京)、江汉石油学院、CSIRO等院校，于1996年到中国石油大学(北京)工作至今。从事科教工作以来，承担和参加各类科研课题30余项，合作发表论文100余篇，出版专著9部，获国家级和省部级科技奖励11项。

潜心科研与教学

钟宁宁从教近40年，一直从事有机地球化学和有机岩石学相关的专业技术工作。从教以来，他主讲过本科生“环境学基础”“油气地球化学”和研究生“煤田地质学”“有机岩石学”“化石能源与环境”和“油气资源地球化学”等课程。面对不同层次的学生，他积极探索适应学生发展的教学方法，主持和参与了多项校级以及北京市级大学生、研究生教学改革研究课题，均取得了较好效果。

钟宁宁长期致力于石油天然气成因与资源分布以及化石燃料利用的环境地球化学过程的研究。参加了“六五“至“十五”期间的历次国家重点科技项目(石油天然气领域)的研究工作。主持了“九五”国家科技攻关专题“中国煤系地层大中型气田的研究”和国家“973”项目课题“中国典型叠合盆地碳酸盐岩烃源岩生排烃机理与效率”的研究工作，2004年获得国家科技部“973”项目先进个人称号。近年来，主要聚焦非常规油气的地球化学研究，主持国家重点研发项目计划课题“超深层环境油气生成与烃源灶有效性评价”研究。合作发表论文 100 余篇，出版专著 9 部，获国家级和省部级科技奖励 11 项。曾为石油高校优秀中青年骨干教师和中国石油天然气总公司跨世纪学术、技术带头人人选，1996 年被授予湖北省有突出贡献中青年专家称号，2006 年获北京市优秀教师称号。目前兼任“*Inter. J. of Petro Geol.*”编委、有机地球化学国家重点实验室学术委员会委员、中国石油学会有机地球化学学组副组长和亚非石油地球化学家协会理事等学术职务。

执掌地球化学学科

钟宁宁多年来作为学校地球化学和环境科学学科的学术带头人，先后建设了“地球化学”硕士点(1997)、“环境科学”硕士点(1999)和“地球化学”博士点(2003)。学科在他的带领下，努力适应社会经济的发展，拓展学科新领域，关注煤、油、气等化石燃料勘探开发和利用过程产生的各种地球化学问题。进一步发展学科的“化石燃料地球化学”和“环境地球化学”研究方向，着重于研究化石燃料成因机理、资源潜力和分布规律等基础和应用基础问题，以检测地质体中各种有机地球化学和有机岩石学信息为特色，不仅能够综合运用各种地球化学信息确定化石燃料成因、勘探潜力、方向和目标，而且还能够综合运用各种地球化学信息分析化石能源勘探、开发、加工与利用过程对大气、水、土壤环境的影响，为环境评价以及污染控制服务。在钟宁宁和学科老师们的共同努力下，地球化学已成为了学校地质学科的特色之一，有较广泛的学术影响力，尤其是油气地球化学和有机岩石学等领域的学术水平得到国内外同行的高度认可。环境科学学科从无到有，逐渐壮大变强，在 2017 年国务院学位中心组织的学科评估中被评为 B^- 学科。

创办环境科学专业

2002 年，钟宁宁组织领导地球化学学科的老师，在地球化学和环境科学的学科基础之上，创办了环境科学专业，并且于当年开始招收本科生。环境科学本科专业建立之初，困难重重。他组织带领老师走访和调研国内外环境科学专业办学和人才需求状况，明确了自己的办学定位和培养目标导向，制定出了与之相应的培养方案，并且主持讨论编制出各门课程的大纲。缺师资，他就多方请示，争取名额，从国内外引进教师，数年之后，形成了一支全部由具有博士学位的教师构成的环境科学师资队伍，解决了开课的难题。缺基地，他便和环境科学专业的老师一起，利用空闲时间，上山下矿，遍访北京的不同生态功能区和黄河河口地区的油田、工矿及自然保护区，百花山、雾灵山、松山、鹫峰、胜利炼厂、黄河三角洲保护区……最终，用脚步为学生踏出了一条生态学和环境科学认识实习之路。

钟宁宁与学生在野外开展地质考察

环境科学专业从设立至今，历经近 20 年发展，已经有 14 届毕业生，向社会输送了一大批高级专门人才。这个本科专业于 2019 年整建制并入学校的化工学院，成立新的化学工程与环境学院。

襄理国家重点实验室

2003 年以来，钟宁宁作为主要的策划者和实施者，经历了学校油气资源与探测国家重点实验室的申请、建设、验收、运行和先后两次国家评估。2007 年国家重点实验室成立后，他担任实验室的常务副主任，先后协助郝芳院士、贾承造院士和李根生院士三任主任，负责实验室的运行、管理工作。作为主要的组织者和管理者，在实验室的建设和日常管理运转中起到了重要作用。2010 年油气资源与探测国家重点实验室作为运行仅三年的新实验室，首次与其他国家重点实验室一起接受国家评估，获得了“良好”成绩。最近五年，在学术委员会指导下，他在实验室科研方向优化与学科交叉融合、非常规油气资源研究新领域、实验室人才队伍、实验平台建设以及实验室管理体制和开放-联合机制等方面均做出了开拓性的工作，促使国家重点实验室水平和能力有了很大的提高。2015 年的第二次国家评估中，实验室进入了“争优”行列，最终再次获得“良好”成绩，顺利通过评估。

时至今日，钟宁宁依然在国家重点实验室的岗位上努力工作，正在和同事们一起优化整合国家重点实验室的研究方向，搭建跨学科的实验研究平台，力求以新的高度和新的面貌迎接实验室的第三次国家评估。

作为一名党员教师，钟宁宁为自己在学术生涯中参与了学院和学科发展的重要工作感到由衷高兴和自豪，“功成有我，不必在我”是对他最好的褒奖。

审稿人：费葳葳

倾心育人传承　守正创新发展

——记北京高校优秀德育工作者陈冬霞

陈冬霞，女，汉族，四川隆昌人，1974 年 11 月出生，现任中国石油大学(北京)地球科学学院本科教学副院长，教授，博士生导师，北京市青年教学名师，北京高校优秀德育工作者。1997 年毕业于西南石油学院勘探系石油与天然气地质勘查专业，获学士学位；2000 年毕业于西南石油学院矿产普产与勘探专业，获硕士学位；2003 年毕业于石油大学(北京)地质资源与地质工程专业获工学博士学位。2004 年 6 月至 2005 年 6 月以博士后的身份去加拿大地质调查局工作。2006 年在中国石油大学(北京)开始任教，主要从事油气田地质与勘探的教学和科研工作。北京市优秀教学团队“石油地质学”和国家级精品课程和资源共享课程“石油地质学”主讲教师之一，校优秀教研型青年教学骨干教师，荣获国家级教学成果奖二等奖 1 项，省部级优秀教学成果一等奖 3 项。主持国家自然科学基金项目 5 项，参加了国家“973”项目国家重大专项等多项高级别项目，在国内外重要期刊上发表论文 50 余篇，其中 SC1 收录 20 余篇，授权发明专利 5 项，荣获教育部和北京市等省部级以上科技进步一等奖等 4 项。

倾心育人，注重学生思想道德建设

真心关爱学生，甘作学生最好的倾听者。自上岗以来，陈冬霞充分利用上班时间和晚上休息时间，甚至节假日，了解学生的心声和困难。进行深度访谈，与学生交心。2012 年，她与全院 51 个自然班级均进行座谈，近 2000 名学生参与，采纳意见 136 条，内容涉及课程安排、图书资料、后勤保障、宿舍、就业、考研等各个方面。除了与学业警示劝告同学、违纪同学、心理障碍同学进行单独谈话外，还与学习优秀同学、家庭困难同学、情感困惑同学谈话，也经常与学生父母进行沟通，针对学生的实际问题与发展状况进行深入交流，成为了学生和家长的贴心人。特别是发现近年来，她针对硕士研究生和博士研究生在科研工作、情感关系、导师关系中存在的困惑与问题，开展了学院-导师-家长-学生四维一体的工作，开展心理健康教育活动，举行缓解研究生学术压力的讲座，使研究生在繁重的科研工作中健康发展。

积极引导学生，愿为学生成长的领路人。陈冬霞利用重要节庆日、纪念日和重大事件，开展主题教育活动；以典型人物事迹和优秀校友事迹教育广大毕业生，引导学生形成正确的就业观，服务石油行业、服务基层、服务农村。依托学生骨干培训、学生党支部书记培训、全体党员培训，深入开展人文素质教育，培养学生良好的思想政治素质、互助合作的团队精神、文明守纪的道德习惯、诚实守信的公民意识。通过新生入学教育、课堂教育、毕业生教育，加强爱校意识、文明行为意识以及诚信意识。建立学院-教师-辅导员-学生四级学风建设工作体系，建立有效的监督机制，深入开展目标导学，建立激励学习机制。切实做好研究生学术道德规范教育，在全院研究生范围内开展了学风状况调查，打造研究生学术品牌活动和学术社团 AAPG，从根本上进行学术道德规范教育，深化优良学风创建工作。学院学生平均学业警示劝告率远低于学校平均水平。规范党员发展程序和党支部考核工作，同时抓学生支部的组织建设工作，严格的支部考核，形成了学院党支部考核体系，严格发展质量和支部建设发展质量，学院获得 2013 年度学习型党组织和优秀先进基层党组织，并推荐为北京市教工委的先进基层党组织。

全心服务学生，甘当学生发展的铺路石。陈冬霞一直致力于夯实“四项服务”工作进程，全方位提升学院就业工作质量。进行全方面服务，提高就业指导课质量，完善就业工作制度，实现就业指导、就业手续办理规范化，召开考研动员大会、就业动员大会、就业形势报告会，力促学生形成正确的就业创业观，关心就业困难学生和零就业家庭的毕业生，多渠道帮助他们就业。开展全专业服务，加强就业知识的专业学习和培训，举办各类就业讲座、职业规划培训，营造就业氛围，促进就业成效的提高。特别是在新生专业导论课中增加了社会需求与就业前景内容。发动全员服务，充分调动各方面的力量，建立学院、系中心、教师、校友、学生多位一体的有效互动机制，召开全院教师参加的就业大会，充分利用我院教师在石油行业的影响力及与油田、科研院所、国家部门密切合作的优势，鼓励并奖励教师利用手中资源为我院学生进行就业宣传，积极推荐我院优秀学生，支持教师邀请用人单位到我院进行宣讲和招聘，大力开拓就业市场。进行全信息服务，加强网络建设，加强数据分析，加强各类招聘信息的利用率，加大走出校园，参与招聘。“四项服务”工作的推进使学院学生签约率一直保持稳中有进。

健全制度，建设成学习型学生工作队伍

提倡“团结共进，务实创新”的工作作风。陈冬霞以辅导员沙龙为载体，促进辅导员队伍思想交流。开展针对辅导员如何修身、辅导员读书报告会、平安校园如何创建、辅导员诚信等多方面问题的讨论和研讨。引导学生工作队伍以对学生高度负责的敬业精神和奉献精神，始终以爱心、热心、耐心、诚心开展学生工作。

加强内部管理水平，提高工作效率。她主持制定了《学院专兼职辅导员工作细则》《辅导员办公室工作条例》《专兼职辅导员岗位责任书》，完善各个岗位考核条例。日常工作中，坚持定期召开部门例会，沟通学生情况，研究解决学生工作面临的问题，使学生工作更加规范化、制度化，努力提高工作效率和专业化工作水平。

陈冬霞在办公室接受采访

多维度加强辅导员队伍专业化建设。她积极组织辅导员开展技能培训，促进辅导员技能的提升。开展思想政治辅导员“一帮一”“一帮二”结队帮扶活动，活动采取“以老带新、以新促老”的结对形式，实现一年过关，二年胜

任，三年成骨干的辅导员培养目标，推动我院学生工作的持续发展。以身作则，带头开展学生工作的研究，个人成功申请大学生思想政治项目和党建项目 2 项，发表二类思想政治教育文章 2 篇。开展分类指导，多方位促进辅导员结合工作中的难点和热点深入开展研究，在思想政治类、组织管理类的项目申报中表现突出。

她开展分类指导，多方位促进辅导员结合工作中的难点和热点深入开展研究，在她的带领下，学院辅导员实现学校党建、思想教育与行政管理研究，教育教学改革，研究生教育质量与创新工程，大学生思想政治教育主题实践与工作研究等思政教育研究领域全覆盖，平均每年新增思政研究立项 3 项，发表思政研究文章 4 篇。

审稿人：杨冀宁

深耕三尺讲台　潜心教研育人

——记第二届北京市高等学校青年教学名师岳大力

岳大力，男，汉族，中共党员，1974 年 12 月出生，黑龙江巴彦人，教授，博士生导师，北京市青年教学名师，现任中国石油大学(北京)地球科学学院副院长。他长期躬耕于油气田开发地质教学领域，坚持以科研促教改、以教改促教学，推动教学质量不断提升。先后承担或参与国家级、省部级以及企业委托的科研攻关项目 28 项；主持省部级教改项目 2 项、校级教改项目 7 项，参与国家级、省部级教改项目 5 项，发表教改论文 7 篇，主编及参编教材 4 部、专著 1 部；参与发起全国油气地质大赛品牌赛事。国家精品课程及国家精品资源共享课程“油矿地质学”主讲教师，全国工程教指委在线课程“储层表征与建模”课程主讲教师，教育部校外人才培养基地负责人，全国油气地质大赛优秀指导教师，第二届中国石油大学(北京)教学效果卓越奖获得者，中国石油大学(北京)校级品牌课教师，中国石油大学(北京)青年骨干教师。荣获国家级教学成果二等奖 1 项，省部级教学成果特等奖、一等奖、二等奖各 1 项，省部级科技进步一等奖 1 项、二等奖 4 项。

严谨治学的模范

“以身立教、严谨治学”，这是岳大力的毕生追求。2006 年留校任教以来，他始终以身作则、孜孜以求、精益求精，把全部的时间和精力都奉献给了热爱的教学事业。怎么助好课？怎么备好课？怎么讲好课？当他开始留校时，这三个问题就深深扎根在他脑海里。为回答好这三个问题，在给吴胜和老师助课“油矿地质学”期间，他密密麻麻地记录了整整 5 本助课笔记，经常和老师同事探讨教学方法，利用各种机会快速积累教学实践经验。2008 年秋季学期，他开始独自讲授本科生课程“油矿地质学”，为理清每个知识点、完善每节讲课稿，他通宵达旦地查阅教材和经典文献，坚持把教学的主要工作做到课前。全国高等学校教学名师朱筱敏教授在听了他的课后，给予了充分肯定和高度评价，称赞他的课程绝对是青年教师中的佼佼者。在教学过程中，他坚持对每堂课程、每个学生都严格要求，用自身模范的言行引导学生养成严谨求实的学风，不断激发学生为石油事业作贡献的责任感和使命感。特别是在高校期末考试试卷不作反馈的惯例下，他坚持认为就算有的同学考到 99 分，也不能带着 1 分的错误离开学校，在治学上没有 99%，只有 100%。所以在每次期末考试后，他都会组织学生详细讲解期末考试试卷，帮助学生补齐知识短板，夯实专业基础。他以实事求是严谨治学的优良作风，侵染和培养了一批批优秀的石油地质骨干人才。

追求卓越的榜样

“追求卓越，臻于至善”，这是岳大力的座右铭。他积极投身油矿地质学精品课程建设，主编了《油矿地质学习题与实训》实践教材，参编了国家级“十一五”规划教材《油矿地质学第四版》，2008 年该课程被评为北京市精品课程，2010 年被评为国家精品课程，2013 被评为国家精品资源共享课程。目前，精品课程网站教材、实践教材、校外人才培养基地已在国内石油企业、地质高校推广应用，较好地发挥了示范引领作用。同时他还作为教育部校外人才培养基地的负责人承担课程现场实习基地的建设任务，高标准高质量编制了油矿地质学相关的油田现场实习教学视频课件，完成的《油矿地质学现场实践教学》获批了摄制电影方法创作作品类版权登记。他长期注重教学改革，在教学方法上更是努力追求卓越。他立足于在有限的课程时段内更高效地使学生达成学习目标，和课程团队一起，提出了“以学生为中心”教学理念指导下的多元混合式课程教学模式，创造了“自主阅读—启发式讲授—课堂讨论”、“自主项目研究—学生汇报—课堂讨论”等多种混合式教学模式，实践应用课堂讲授、自主学习、合作学习、课堂讨论、学生汇报等多种教学元素，均取得较好的教学效果。特别是在理论教学环节，对于难点内容，采用启发性讲授方式，通过思维导引帮助学生建构知识；对于简单内容，采用翻转课堂方式，通过学生自主学习和课堂讨论相结合，不断提升教学效果。在实践教学环节，坚持以“做中学”为教学理念，通过若干相对独立并具有关联的项目研究进行锻练，极大地提升了学生分析和解决问题的能力。在教学生涯中，他坚持用自己实际行动，践行着不断创新、追求卓越、精益求精的理念，为学生树立了榜样。

研教融合的表率

“以研促教，研教融合”，这是岳大力坚守不变的初心和使命。他积极倡导科研服务于教学的理念，始终注重把创新性的科研成果应用到教学实践中，不断提升教学的质量和效果。他坚持将复合曲流带储层内部构型与剩余油分布模式研究、河流相储层沉积构型模式建立及其应用等最新科研成果，融入到沉积相与构型分析、储层构型对剩余油分布的控制作用等教学环节，以丰富的科研实例提升教学的针对性和实效性。他还以最新的科研经典实例、自主开发的课程综合训练案例、十个单项实训案例及60多个应用型和研究型课程习题为基础，主编出版了《油矿地质学习题与实训》教材，成为国家精品课程《油矿地质学》的配套实践教材，真正将科研成果运用到教学实践中。他坚持把科研项目和教学实际相结合，支持学生发表科研文章，鼓励学生参加国际国内学术会议，他指导的研究生中有4人获国家奖学金、1人获全国油气地质大赛综合组特等奖、2人获全国油气地质大赛单项组一等奖，多人获全国学术会议、研究生学术论坛优秀论文。

岳大力在第十二届中国产学研合作创新大会

他拥有丰富的科研经验，在指导学生撰写学术文章方面不遗余力，在指导博士生李伟修改SCI文章时，反复修改到凌晨两点多，李伟心疼地说：“岳老师，今天就到这吧，您太累了。”他带着疲惫和沙哑的声音回答说：“还是改完吧，明天还有明天的事。”近两年，他的教学团队在智能化井震结合储层预测方面已经发表国际高水平文章 5 篇，真正做到了把科研和教学有机结合与深度融合，取得了丰硕的实践成果，得到同行的充分肯定与高度评价。

一路走来，岳大力始终铭记国家的培养和组织的关怀，始终坚持以崇高的历史使命感和强烈的社会责任感投身到油气地质教研事业，为油气地质领域的科研和教学做出了突出贡献。他将始终牢记教研育人的初心和使命，把全部的精力奉献给热爱的石油事业，继续深耕于油气地质这方沃土，努力为祖国开出更多灿烂的石油之花。

审稿人：杨冀宁

以德育为先　全方位育人

——记中国石油大学(北京)优秀党务工作者刘洛夫

刘洛夫，男，1958 年 11 月出生，广东台山人。博士、教授、博士生导师，来华留学英语授课品牌课教师(国家级)、中国石油大学(北京)品牌课教师、《古地理学报》编委会委员、*Petroleum Science* 编委会委员、河北省资源勘测研究重点实验室学术委员会委员、教育部科技查新工作站咨询专家。1982 年毕业于江汉石油学院勘探系，获工学学士；1985 年在中国科学院兰州地质研究所获理学硕士，同年留所参加工作；1992 年在英国 Bristol 大学化学院获博士学位，随后从事博士后研究工作。1993 年 9 月至今在中国石油大学(北京)任教，曾任 *Petroleum Science* 编辑部主任、中国石油大学(北京)图书馆馆长兼党支部书记(其间于 2004 年 8 月至 11 月在挪威 Bergen 大学化学系和石油研究中心任高级访问学者、客座教授)、中国石油大学(北京)地球科学学院党委书记、教学指导委员会主任。主要从事油气地球化学、沉积学、储层地质学和石油地质学的教学和科研工作。

创新党建，追求实效

刘洛夫相信只要做好思想政治工作，使全体党员不忘初心，牢记使命，团结一致，努力工作，便能带领大家克服一切困难完成各项任务。在任地学院党委书记期间，他注重发挥基层党组织的凝聚力与战斗力作用，带领基层党组织成员积极学习中国共产党的优秀传统，多次带领老师前往红色革命根据地，听取报告，缅怀先烈，领悟红色革命精神，接受红色思想洗礼，坚定理想信念；组织教师积极参加党的先进性理论学习，并亲自给教师党员讲授“发扬延安精神”等党课，使全院党员和群众提高认识，紧密团结在一起，劲往一起使，推进教学、科研和管理工作，取得了明显的实效。

刘洛夫带领老师前往红色革命根据地

刘洛夫参加地学院分党委“红色1+1”支部共建活动

学校工作的第一要务就是对学生的培养。刘洛夫书记牢记党的教育方针，一贯认为对学生的培养要把德育放在首位，他经常对教师和学生说“学艺先要学做人”。在做好道德品质的教育之后，再从课堂授课和科学研究等多方面全方位做好智育培养。而德育也包含多项内容，如遵纪守法、讲究社会公德、尊重他人、热爱劳动等，对于年轻一代更重要的还要进行爱国主义和理想信念的教育。刘书记多年来无论在院里还是在机关工作期间，在学生的思想政治教育方面都倾注了大量的心血，为学生党员进行先锋工程等多项培训，鼓励学生党员努力奋斗，为社会主义现代化建设贡献自己的力量。他积极推进地学院党委的“红色1+1”支部共建基地等活动，带领师生走出去积极参与社会活动与爱心志愿活动，取得了实效和良好的社会反响。在课余时间里，他还经常与学生们促膝谈心，多从哲学和文学艺术方面，并与石油地质勘探研究的实际相结合，与同学们交流，互相学习，使得学生们在世界观、人生观和价值观方面吸取营养。

正因为他在党建党务方面的新鲜思路、时间投入和积极工作，使得他获得校2005—2009年校机关党建工作突出贡献奖、校2010年和2013年度校工会积极分子、校2013—2015年优秀党务工作者。在他任地学院党委书记期间，我院党委获得了“北京高校2014年先进基层党组织”称号，还有院工会和多个支部获得多项上级部门授予的光荣称号。

潜心教学，勤勤恳恳

作为地学院的教授，刘洛夫积极承担教学任务，从1993年至2018年间，给本科生、硕士生、博士生、培训生、留学生等先后讲授过“英语口语”“石油地质专业英语”“稳定同位素地质学”“应用石油地球化学”“油藏地球化学”“地球化学研究专题”“有机地球化学原理”“沉积地球化学”“沉积盆地流体矿产及矿床学”“沉积－成岩地球化学”“沉积储层研究进展”“地质学研究新进展”“Petroleum Geochemistry”“Physical Geology”“地质学学科前沿课”“油气地质导论”“工程硕士讲座课”等各类课程共20门。其中的“Petroleum Geochemistry”为硕士生全英语国际班课，被评为国家级和校级品牌课；“Physical Geology”为我校第一门本科生全英语课。

刘洛夫教授重视教学工作，将大部分工作时间放在课程上，在教学第一线上辛勤耕耘，每年的教学工作量都超过学校和学院的要求。由于他承担的课程全部用英文讲授，这些课程之前又没有资料积累，因此他必须要花大量的时间来进行课程建设和备课。他准备课件很认真，并毫无保留地把课程材料发给学生使用，课堂上讲述生动，深入浅出地引导学生且与学生有活跃的互动环节，深受学生和听课教师的欢迎。对每门课程他都牺牲自己休息时间设有课外答疑和讨论，耐心与学生交流，启发他们理解专业内容。这些全英文课为学生后来用英语撰写专业论文和出国留学打下了基础。

刘洛夫教授还积极参与教学改革工作，近几年他完成省部级和校级教改项目9项，以第一负责人身份完成重点课程建设4项，指导国家级、校级大学生创新创业训练计划项目14项，公开发表教改论文10多篇。这些教改成果，如要求学生收集资料或依托自己的实验数据用英文撰写论文并制作多媒体在课堂上演讲，介绍了解地球化学实验室和实验操作，最终考试成绩按一定比例引入课堂表现和动手能力以及参与课外时间的野外地质考察等，被引进到他的课程中，收到了良好的效果，促进了学生的自学能力和动手能力。他重视野外地质考察等实践教学环节，2016年夏天，他一次带领20名本科毕业生在陕北的延长油矿实习时间长达两个月多。

作为指导教师，刘洛夫教授多年来共培养博士后、博士、硕士和留学生共120多人，指导本科生毕业设计60多人，这些教学实践使他为国家和社会输送了众多的各类人才。

科研育人，勇于攀登

刘洛夫利用假期带领学生进行野外地质实习

高等学校的人才培养离不开科研育人的环节，指导教师必须要参加科研项目、从事科学研究，一方面是为攀登科研高峰，取得创新成果；另一方面是为了指导学生的毕业论文，教会同学们如何从事科研活动。多年来，刘洛夫教授一直坚持工作在石油地质勘探领域研究的第一线，先后参加过国家级、省部级和局级科研项目59项。在科研工作中，他不怕苦不怕累，勇于探索，白天黑夜都在和学生们一起干活。即便是在他六十岁的时候，还坚持带领同事和学生们到油田现场做调研和采样工作，而且每年都亲自出野外到山上进行考察，收集大量的资料和岩石样品，以确保项目能按时保质保量地完成。他有良好的团队精神和实事求是的工作作风，做事客观认真，一丝不苟，其科研团队坚持定期的学术交流，及时讨论工作中出现的问题。他有极强的责任心，对他自己负责的事和学生的事情时刻记在心上。他良好的学风和工作作风给他的学生留下了深刻的印象，影响着他们今后的人生。

正是因为这种吃苦耐劳、勇于攀登的科学精神，使得他在科研上也有可喜的成果：共发表论文(第一、二作者)近300篇(其中被SCI和EI收录90篇)，独著和合著专著6部；获国家科技进步奖二等奖1项、省部级一等奖6项、省部级二等奖2项、中国高等学校十大科技进展奖1项；他还是中国石油和化学工业联合会创新团队—中国石油大学(北京)油气成藏研究创新团队的成员。他的科研团队里的学生也取得了优异的成绩，据不完全统计，近 10 年来有 12 人获得国家奖学金，3 人获各类企业奖学金，4 人获校级优秀毕业论文，8 人获各类学科竞赛奖。

教书育人，良师益友

众所周知，学校对学生的培养仅传授专业知识是不够的，而是必须同时要做到关心、爱护学生，以自身的道德行为和魅力，言传身教，引导学生寻找自己生命的意义，实现人生应有的价值追求，塑造自身完美的人格，使学生成为既有知识又有文化、有理想抱负、热爱祖国的接班人。刘洛夫教授始终坚持这样的理念并落实到行动中去。他关爱学生，积极参加学院组织的“1+1”助学活动，多次在经济上帮助有困难的学生，而且经常与受助人谈心，了解他们的家庭和本人的困难，及时帮助他们解决，从心理上安慰他们，使他们能安心学习。对于有特殊困难和学习成绩跟不上的同学，他能想出有针对性的办法，如及时与家长联系，要求家长在培养上给予配合，解决学习和生活上的问题，共同做学生的良师益友，使这些学生能跟上去并完成学业。

任地学院党委书记期间，他经常通过组织会议或与学生个别谈心的方式，征求同学们对学校、学院和任课教师工作的意见和建议，了解学院在教学和管理上存在的问题。他能解决的及时解决，无法解决的就向上级部门反映。他把学生的事情放在心上，每学期都不辞辛苦地组织老师去看望地质专业和环境科学专业在野外实习的学生，为学生带去精神上的关怀与物质上的慰问，给实习的老师和学生送去温暖，鼓励他们要吃苦耐劳，重视实习环节，踏实又细致地做好每一项观察和记录。刘老师具有谦虚谨慎、平易近人的好性格，经常和学生打成一片，善于听取和主动征求别人的意见，这在他的教学、科研和管理工作中都能体现出来。这一点为他能做好对学生的培养提供了极大的方便，也使身边的学生的修养、素质会在潜移默化中得到提升。

刘洛夫教授喜欢诗词和音乐，具有很好的文艺素养。他重视提高学生的综合素质，希望他们既热爱事业又热爱生活，在学习和工作之余用高雅的爱好来陶冶情操，形成健康的心理素质。他经常放弃休息时间多次参加学生社团的活动，如与我校海燕诗社的学生探讨诗歌的韵味与魅力，教他们怎样写诗，参加他们组织的诗歌品读活动等，勉励社团成员“要用心去体验与感悟诗词”。在与学生的接触和交流过程中，刘老师成为了许多学生的好朋友。

刘洛夫带领课题组成员参加爱心志愿活动

作为博士生导师，刘教授对自己的研究生也给予无微不至的关怀。除了业务上的精心指导外，在思想政治方面也关心他们的健康成长，生活上也帮助他们排忧解难。他与他的学生在同一个办公室里办公，经常与学生谈心，了解学生的发展动态，及时鼓励良好风气和纠正不良倾向，确实是学生成长路上的良师益友。正因为刘教授的细致工作，使得他的研究生都有较为成熟的为人处世态度，并取得了多项荣誉奖项。据不完全统计，近 10 年来，5 人获得北京市优秀毕业生称号，5 人获校级优秀毕业生称号，9 人获校级优秀学生干部，14 人获校级优秀研究生，12 人获校级三好学生。

几十年如一日，刘洛夫教授淡泊名利，甘于奉献，辛勤劳动在石油教育战线上，用“以德育为先，全方位育人”的理念和方法，培养了众多的学子。作为园丁，他浇灌了众多的树木；作为绿叶，他陪伴过美丽的花朵，荣哉！正像他的工作部门送给他的赠言那样：“探地迎难，遍踏青山，园丁绿叶，喜爱花繁”！

审稿人：朱锐

青春奉献伟大事业　责任彰显时代力量

——记中国石油大学(北京)优秀党务工作者王天

王天，男，31岁，中共党员，辽宁盘锦人，2011年7月至2015年6月担任中国石油大学(北京)地球科学学院兼职思想政治辅导员，2015年7月至2018年12月担任中国石油大学(北京)地球科学学院专职思想政治辅导员。2018年12月起担任中国石油大学(北京)地球物理学院团委书记。发表文章10篇，主持全国学校共青团研究课题1项、首都大学生思想政治教育课题1项、校级研究项目5项。3次获评中国石油大学(北京)优秀辅导员，荣获中国石油大学(北京)2017—2019学年优秀党务工作者。

用青春陪伴青春，全面引导学生成长成才

作为高校学生主体的“90后”“95后”青年，进入大学伊始会出现不适应环境、学习动力不足、自我管控能力差的特点。王天时刻秉持着“一切为了学生、为了学生一切、为了一切学生”的理念，将个人的青春时光播撒在每名学生的成长画册上。他利用休息时间举行“王导请你看电影”活动，精选电影题材，对学生进行全方位思想教育，能和王导看场电影，已经成为学生们新的“学期希望”；他创办“王导请你吃早餐”活动，每周抽出一个清晨和学生共进早餐，全方位解答学生成长成才道路上的困惑，多年来利用早餐时间解答学生问题百余条，帮助8名曾经受到学业警告的学生解除警告，重回正轨；他结合工作经验，开展“三个一工程”，即每月读一本书，每月写一篇文章，每周进行一次体育活动，所带学生综合能力显著提升。他响应国家号召，利用假期时间，独自踏上行程，奔赴祖国大西北，到少数民族学生家里家访。他

翻越高山，忍受严寒，7 天到访 5 个城市，走访 6 个家庭，行程 4200 公里，把来自学校的温暖送至学生家中，与学生家长一同为学生制定“成长方案”。学生家长握住他的手激动地说：“大山的孩子走出来不容易，如果辅导员不到家里来，我们不可能了解到象牙塔下的生活，孩子今后就拜托给你啦。”2018 年 3 月 1 日和 3 月 16 日，《人民日报》《中国青年报》分别以《全国高校积极开展学生寒假社会实践活动，用青春丈量大地——从“要我去”到“我要去”》《为了答好学生资助这份民生试卷》为题全方位报道了他奔赴宁夏、甘肃、青海等地家访的相关内容。7 年来，他负责的学生没有任何一名学生中途退学，顺利毕业后奔赴祖国各地建功立业。在他所带学生的家长微信群里一直流传着这样一句话：“把孩子交给王导，我们放心！”2016 年、2018 年，王天 2 次获评中国石油大学(北京)优秀辅导员；2019 年，获评中国石油大学(北京)2017—2019 学年优秀党务工作者。

用使命诠释担当，全力奏响时代华美乐章

先成为坚定的“青年马克思主义者”，再培养“青年马克思主义者”。王天作为所在学院学生工作队伍中的中坚力量，全面投身构建“十大育人体系”，他积极开展网络思想政治教育工作，于 2016 年 5 月组织建立地学院官方微信账号“地心引力”，通过精心设计内容、创新教育模式，牢牢占领网络思想教育阵地，利用网络平台将思想政治工作做细做活。公众号建立初期，由于运营团队经验不足，推送内容繁多，每天审阅完全部推送内容，按下“确认发送”的按钮，时间已至午夜。经过近 3 个月的探索，公众号的运营终于走上正轨。目前，已有近 3000 人关注“地心引力”微信公众号，人数远远超过学院在校学生总数。近年来，“地心引力”微信公众号相继推出学校首款视频类网络思政栏目“琪琪讲故事”、首款辅导员网文专栏“导言导语”等品牌栏目，以视频、网文等创新形式全方位进行思想政治教育，增强大学生主人翁意识。截至目前，“地心引力”微信公众号已能实现“每日一推”，月均 WCI 指数在 300 以上，已成为校园内网络自媒体的佼佼者。“地心引力”微信公众号获评中国石油大学(北京)媒体联盟优秀微信公众号，王天获评中国石油大学(北京)新闻宣传工作优秀通讯员。

在石油行业不景气的大环境下，石油企业招聘数量较以往出现明显下降，石油主干专业学生心理波动较大，对专业前景出现担忧。王天充分发挥学术

性社团 AAPG 学生分会的优势，联合本科生社团地质爱好者协会，积极开展各类学术活动，培养学生的专业认同感。他参与主办全国油气地质大赛，四年来共吸引了来自全国 20 多所高校的近 5000 名学子参赛。大赛为全国的油气地质学子提供交流展示平台，创新校企合作模式，增强校际交流，增进师生了解，为祖国油气勘探事业培养了大量后备人才。

用勤奋丈量成长，全速提升个人职业素养

王天坚信“打铁必须自身硬”，从事辅导员工作近 10 年来，始终坚持理论知识学习，定期参加辅导员职业能力培训，全速提升辅导员职业能力。他在《石油教育》《中国地质教育》等杂志上公开发表文章 10 篇，主持全国学校共青团研究课题 1 项、首都大学生思想政治教育课题 1 项、校级研究项目 5 项。他坚持每年至少进行一次培训学习，共参加国家级、省部级等各类培训班 8 次。通过不懈努力，他获得了 2016 年度首都大中专学生暑期社会实践先进工作者，曾在第一届、第四届中国石油大学（北京）辅导员职业能力大赛上获三等奖，在第七届北京高校辅导员素质能力大赛中获二等奖。他通过自身能力提升，对所带班级、学生提供更加全面有效的指导，所带学生获北京市三好学生 2 人次、北京市优秀学生干部 1 人次，所带学生宿舍获评北京市优秀学生宿舍 2 次，所带党支部曾获北京市“红色 1+1”主题实践活动三等奖 1 次、优秀奖 1 次，所带班级曾获北京市优秀班级体 1 次、中国石油大学（北京）优秀班集体 4 次、十佳示范班集体 2 次、研究生十佳优秀集体 2 次，所带团支部曾获北京市五四红旗团支部 1 次、中国石油大学（北京）红旗团支部 3 次、先锋团支部 1 次。

王天在学工论坛做主题报告

他，是一名普通的一线辅导员，立德树人是他的崇高使命，培养人才是他的职业理想。工作以来，他以培养“青年马克思主义者”为育人目标，致力

于践行“青年服务国家”的使命担当，在未来的工作中，他将继续砥砺前进，改革创新，踏着新时代的春风，为建设“双一流”而奋斗青春，为谱写我校思想政治教育工作新的辉煌贡献力量！

审稿人：常小飞

无畏病痛守岗位　勇担重任铸堡垒

——记中国石油大学(北京)优秀共产党员刘小平

刘小平，男，汉族，1971 年出生，安徽无为人，中共党员，博士，副教授，硕士生导师，2004 年留校任教，现任中国石油大学(北京)地球科学学院盆地与油藏研究中心教工党支部书记。主讲本科生核心专业课程《油气田勘探》和《综合地质实习》。主持或以研究骨干身份参与国家科技重大专项专题、国家重大基础研究计划(973)项目所属课题、国家自然科学基金项目、省部级研究项目及油田委托研究项目 40 余项，发表第一作者论文 50 余篇，科研成果获省部级一等奖 1 项，二等奖 3 项，三等奖 1 项，并获得中国产学研合作创新奖(个人奖)。获评中国石油大学(北京)2017—2019 年度优秀共产党员、中国石油大学(北京)2019—2020 年度师德标兵。

敢于担当，乐于奉献的支部书记

中国石油大学(北京)地球科学学院盆地与油藏研究中心教工党支部现有正式党员 33 人，是地学院党员人数最多的一个党支部，支部荣获中共北京市委教育工作委员会“2017 年北京高校先进基层党组织”，2018 年入选教育部首批“全国党建工作样板支部”建设名单。作为盆地中心党支部的“领头雁”和“第一责任人”，刘小平带头认真学习党的理论知识，积极参加教育部和学校党委组织的支部书记培训班，努力提高自身理论水平和组织能力。他积极组织各项活动、创新组织生活模式，邀请马列学院教师给盆地中心广大师生和地学院青年教师进行思政讲课；采用“老中青”党员领学模式开展集中理论学习；组织盆地中心党员去井冈山红色教育基地接受“不忘初心，牢记使命”革命传统教育；积极组织中心党员教师投入地学院“三全育人”活动，为广大本科生提供“科研零距离”实习岗位；积极与研究生党支部进行对接，积极组织盆地中心研究生学术论坛，努力打造师生党建与学术交流平台；积极开展实验室和师生办公室安全大检查活动，对存在的安全隐患进行及时通报和整改；关心职工，为退休职工举办荣休仪式等。通过组织这些活动，充分发挥了盆地中心党支部在党员教育、管理和监督以及师生组织、宣传和服务等方面的积极作用，使盆地中心师生的凝聚力得到极大提高，特别是原地球化学系老师对中心的归属感得到大大增强。

刘小平始终把“规范支部管理，强化制度建设”作为支部工作的首要任务，并进一步落实从严治党、党要管党的要求，充分发挥党支部的战斗堡垒作用。他敢为善为，狠抓落实“三会一课”及系务会等制度，规范民主生活会和民主评议制度，严格组织活动考勤制度，规范中心样板支部党建工作手册。在他的领导下，支部管理和制度建设得到了进一步强化，为坚决落实上级党组织的各项决策部署、高效完成上级党组织交办的各项任务以及盆地中心各项教学科研任务提供了制度保障。

他带领支委广泛调研学习其他优秀党支部建设经验，围绕样板支部建设目标，积极规划部署样板支部建设任务。目前已初步建成盆地中心教工支部党员活动室，极大满足了广大党员组织生活、学习及文体活动需求。进一步强化了党建宣传工作，新时代高校党建成果展示平台和盆地中心党支部微信公众号等宣传平台正在积极建设中；对昌平儿童福利院的长效帮扶机制、流村中学科普基地建设等也正在有条不紊地推进。刘小平正带领支部广大党员齐心协力，将支部

刘小平在昌平儿童福利院建立爱心帮扶基地

建设成为政治理论水平过硬，教学科研水平领先，社会服务特色鲜明的全国党建工作样板支部，为学校“一流”学科建设和教学科研发展做出重大贡献。

孜孜不倦、敬业奉献的一线教师

刘小平长期坚守本科教学第一线，恪守师德师风，争做“四讲四有”好老师。自2006年以来，刘小平连续12年在每年暑期最炎热的季节奔赴野外，带领地质专业学生完成重要的专业实践必修课程《综合地质实习》，不畏高温酷暑，在野外跋山涉水、不辞辛苦地给学生们传授专业知识，他任劳任怨、以苦为乐，十几年如一日，为培养高素质的地质专业人才无私奉献。特别值得一提的是2018年暑期实习，他接受直肠癌手术治疗才一年时间，身体比较虚弱，尚处于康复关键时期，本来可以申请不去带实习，但考虑到野外师资紧缺，他向院领导请缨坚持继续带队，最终克服了身体和心理双重障碍，圆满完成了野外实习任务。所在的综合地质实习团队2018年以第一名的优势获得全校“优秀实习团队”，他荣获2018年校级“优秀实习指导老师”荣誉称号。

自2007年6月入现职以来，刘小平先后教授了“综合地质实习”“油矿地质实习”“油气田勘探”“油气田勘探课程设计”等本科生课程，年均课时达250学时。他认认真真地备好每一堂课，一丝不苟地讲好每一分钟。他积极探索教学改革，先后承担或参加校级教改项目6项、国家级教改项目1项，先后发表教学改革与研究论文3篇。他积极探索“启发式”“对比式”“探究式”“互动式”等一系列“以学生为中心”的教学改革，注重锻炼学生理论结合实践的能力，培养学生自主学习和创新能力，提高了学生对课程学习的兴趣，促进了学生对专业知识的掌握，取得了良好的教学效果。

近年来他先后担任本科生班级导师3届，指导大学生科技创新项目4项，指导本科生毕业设计54人，指导已毕业硕士研究生38人。指导的学生中有1人获得北京市优秀毕业研究生，2人获校级优秀毕业硕士研究生，1人获研究生国家奖学金，1人获校级优秀本科毕业设计。刘小平同志获得2018年度地学院优秀教学奖一等奖、中国石油大学(北京)第十届优秀教学成果二等奖，2016年以来连年获得校级优秀实习指导教师荣誉称号，所在综合地质实习团队连年获得校优秀实习团队荣誉称号。

勤勤恳恳、努力拼搏的科学探索者

刘小平同志长期从事常规与非常规油气形成与分布方向的科研工作，主持或参与多项国家油气重大专项、国家重大基础研究计划(973)项目、国家自然科学基金项目、省部级研究项目及油田委托研究项目的研究工作，针对我国渤海湾盆地、松辽盆地、苏北盆地、塔里木盆地等的海相与陆相层系油气藏成藏机理、页岩油气形成与富集机理方面进行了较深入研究，研究成果在 *Marine and Petroleum Geology*、*Energy Science & Engineering*、*Petroleum Science*、《石油勘探与开发》《石油与天然气地质》等国内外知名期刊上发表学术论文 50 余篇，研究成果获省部级奖励 6 项。

审稿人：常小飞

牢记岗位使命　肩扛先锋旗帜

——记中国石油大学(北京)优秀共产党员高岗

高岗，1966年出生，博士，中国石油大学(北京)地球科学学院油气勘探与开发地质系教授、博士生导师、党支部书记。1998年3月加入中国共产党，1993年3月参加工作。1993年至今在中国石油大学(北京)从事地质资源与地质工程专业的教学与研究工作；2016—2017年在加拿大里贾纳大学作访问学者。负责承担或参与国家科技重大专项专题、国家重大基础研究计划项目(973)课题、国家自然科学基金项目、省部级研究项目及油田委托研究项目50余项，发表论文近百篇，专著4部，科研成果获省部级一等奖1项、二等奖2项。2012—2014年度被评为校级劳动模范。

政治素养高，发挥共产党员模范带头作用

高岗在与研究生研讨问题

高岗一直以一名共产党员的标准严格要求自己，认真学习马列主义、毛泽东思想、邓小平理论、“三个代表”重要思想、科学发展观和习近平新时代中国特色社会主义思想，不断增强政治敏锐性和政治鉴别力。在同事之间，他能虚心向别人学习；在大是大非面前，他立场坚定，有较高的政治觉悟；在工作中独挡一面，具有较强的综合分析问题、解决问题的能力。对于组织分配给他的工作、任务，他

从不推卸，能克服困难，按时保质保量地认真完成。在日常的生活中他严于律己，以己之行动教育他人，以身作则，在党员队伍中充分发挥党员的模范带头作用，是一名优秀的中国共产党员。

敬业意识足，践行教师育人使命

高岗立足本职工作，认真履行岗位职责，为人师表。在教学过程中，他因材施教，培养学生的学习兴趣，注重对学生独立思考能力、解决问题能力的培养；在辅导学生时，他耐心细致、孜孜不倦，成为学生们的良师益友，对学生专业知识的提高给予了极大的帮助。他已先后培养硕士生、博士生近80人，为石油行业输送了大量的栋梁之才；从思想上关怀、帮助学生，从学业上悉心指导，循循善诱，关心学生各方面的发展；在教育活动中，坚持“德育为首”的原则。工作中他注重引导学生建立学习的信心。高岗先后讲授“全球油气分布”“油气田勘探”“油气田勘探课程设计”“油气勘探地质工程与评价”“石油地质综合研究方法”等课程，所负责的课程内容丰富，授课有激情，讲方法，其生动、灵活的讲课方式得到大家的广泛认可。高岗多年与其他老师共同负责我校卓越工程师班克拉玛依现场实习工作，深入现场协助教学，认真负责学生工作，圆满完成了多期卓越工程师班的现场教学任务。

高岗在油田岩心库

高岗在野外实习现场

科学研究认真，取得丰硕的研究成果

在科研工作方面，高岗先后完成了许多不同级别的科研成果。作为项目的主要负责人，他科研态度严谨，专业知识扎实，科研项目成果丰硕。在科研过程中，能迎难而上，深入钻研，对一些有争议的问题，能深入思考，提出自己独到的见解，并很好地将理论与实践相结合，潜心各项研究工作，所完成的科研成果有效地支撑了油田工作，受到油田人员的认可。他认真总结科研成果，先后发表科研论文近百篇，主编和或编写专著5部，合作编写教材3部。在2016—2017年的加拿大里贾纳大学访问学者的一年期间，高岗同志更加努力工作，先后撰写了10多篇英文论文，并且多已发表在国外较高级别的期刊上。他在完成科研项目研究工作的同时，还申请了1项校级教学改革项目，把全身心都投入到教研工作当中。

集体荣誉感强，积极做好党务工作

高岗作为我院油气勘探与开发地质系党支部书记，积极落实上级党委工作部署，定期组织党员组织生活会，采用主讲、解读、讨论、红色教育基地现场学习等形式，推进“两学一做”学习教育常态化、制度化，通过“1+1帮扶”强化政治思想引导，加强师德师风建设，发挥党员带头作用。他重方法，讲效率，具有较强的集体荣誉感，团队协作能力强。在日常的各项集体活动中，高岗带头参加，以此调动其他老师积极性，有效发挥了党员的模范带头作用。高岗对院党委部署的各项工作都能认真想方设法完成，肯吃苦，勇于担当，甘于奉献。

审稿人：杨冀宁

打磨成就金课　服务凸显担当

——记中国石油大学(北京)优秀共产党员孙海涛

孙海涛，1985 年出生，博士，中国石油大学(北京)地球科学学院地质学系副教授、硕士生导师、党支部宣传委员、校青年教学骨干教师。2003 年 12 月加入中国共产党，2011 年 7 月参加工作，从事沉积岩石学的教学与研究；2020—2021 年在澳大利亚科廷大学作访问学者。负责承担或参与国家科技重大专项专题、国家重大基础研究计划项目(973)课题、国家自然科学基金项目、省部级研究项目及油田委托研究项目 30 余项，发表论文 20 余篇，科研和教学成果获省部级特等奖 1 项，一等奖 1 项，三等奖 2 项。荣获中国石油大学(北京)2015—2017 年优秀共产党员、中国石油大学(北京)2016—2018 年优秀教师。

牢记使命，站稳三尺讲台

作为一名基层教师，孙海涛热爱教学，热爱学生，始终坚持将教学放在工作首位，认认真真备好每一堂课，并积极探索授课方法，在教学方面取得了多项校级和市级奖励，快速成长为我校的青年教学骨干教师。自 2011 留校以来，先后任教“沉积岩石学”“岩相古地理”“储层成岩作用与评价”“普通地质实习”“综合地质实习”等多门课程，累计课表学时数达 1360 学时；指导本科毕业设计 10 人次，指导大学生科技创新 3 组，协助指导研究生 12 人次，先后承担教改项目 2 项；2015 年合作出版教材 1 部。

本着“我要干，还要干好”的信念，孙海涛参加“沉积岩石学”精品课教学团队，经过多次助课，系统地掌握了“沉积岩石学”和“岩相古地理”两门课程的基本内容，并向本课程的前辈们学习到了丰富的教学经验和方法，特别是认真对待课程的态度。尽管已经有了电脑和PPT等现代工具，每次开新课，孙海涛仍旧会准备一个备课记录本，用来撰写纸质教案，并且在第二次、第三次讲课的时候加以补充和修改，他认为，备好课，才能讲好课。

孙海涛在野外实习中授课

积极主动地努力探索课程改进和教学方法改进的问题。孙海涛结合本人的科研成果，在教学团队前辈的基础上，重新制作教学多媒体，优选了“沉积岩石学”实践课程的薄片资料；针对“岩相古地理”的实训环节，编制实际资料丰富的习题册，踏勘和挑选野外露头沉积剖面，编写“岩相古地理”课内实习指导书；积极参编各类精品教材，2012年及2013年先后两次协助教学团队负责人组织了中国石油大学(北京)和石油工业出版社沉积学课程教学研讨及教材编写会议，邀请了国内石油及地质院校的知名学者起草《沉积岩石学(第五版)》《沉积学原理(第二版)》、《油区岩相古地理(第二版)》等教材提纲。

教学效果优异，2013年获得地学院讲课比赛第一名，获得中国石油大学(北京)获得“泓达杯”暨第十届青年教师教学基本功比赛理工组第一名；以及最佳演示奖。2015年获得北京高校第九届青年教师教学基本功比赛理工类A组三等奖，以及优秀论文奖。2016年获得中国石油大学(北京)第六届青年教学骨干教师荣誉称号。

不忘初心，凸显党员担当

作为一名普通职工，孙海涛坚守岗位职责，认真对待院系安排的各项工作，在学科评估、学位点审核、专业认证等影响院系发展的重要工作中默默奉献，在青年教师队伍中起到了良好的带头和示范作用。

"但行好事，莫问前程"是孙海涛2005年来北京求学时得到的一张名片背面印刷的古语，被他一直放在钱包的照片栏里，这一存就是十几年，而这十几年，他也是一直在如此坚持着。在院里面，无论是领导还是普通员工，涉及教学或者科研方面，需要他奉献的时候，他都不会拒绝；认真对待同事，认真对待院系的各项事务，是他一直默默奉行的做事原则。在2014年学院资源勘查工程专业开展首次专业认证的时候，他毅然承担了"毕业要求"部分的报告撰写工作，参考专业认证通用标准，一条一条的对照，找出不足和优势，仔细计算各项指标点和各项要求的达成度，最后初审时毕业要求部分未出现任何纰漏，得到了全国地质类专业认证专家组成员的认可。在2017年专业认证复审准备阶段，他再一次承担下来并且认真地完成了该部分报告的撰写和支撑材料的编辑，其中涉及到2011级和2012级两届学生共60人次、每人80门课程成绩的统计和分析，虽然工作量大，但是他仍旧保质保量的完成，得到了校内教学专家吴胜和教授和地学院认证工作负责人陈冬霞副院长的好评。而专业认证只是他承担的各项院系事务的一个方面。这种集体主义精神和工作态度，在地学院广大教师中得到了认可，也在青年教师队伍中引起了较好的示范作用。获得中国石油大学(北京)2016年优秀教师荣誉称号和地学院优秀党员荣誉称号。

坚定信仰，争做优秀党员

作为一名共产党员，孙海涛时刻以"讲政治、有信念，讲规矩、有纪律，讲道德、有品行、讲奉献、有作为"的合格党员标准要求自己，在"两学一做"学习教育过程中坚持学做结合，学的深入，做的扎实，始终把积极主动服务党员和群众的宗旨贯穿于工作中，获得了广大师生的赞誉和认可。

孙海涛时刻注意加强自身的理论学习和党性的修养，自2015年担任地质学系宣传委员以来，特别是2015—2016年支部书记于福生出国期间，他兼任支部代理书记，认真组织每月至少1次的支部组织生活会和"两学一做"系列活动。每次学习前，他都把材料自己先通读一遍，总结要点，开会时与大家分享，组织大家讨论，并且认真做好会议记录。除了固定的学习会议以外，他还利用业余时间认真学习党的理论知识，积极参加各种政治教育和党课学习，不断提高自身思想理论水平，于2016年7月参加了北京市教工委组织的"2016年北京高校青年骨干教师理论培训班"并顺利结业。

在支部里，孙海涛始终把服务党员和群众作为工作宗旨，在带领支部成员完成学校和学院党委交给的各项工作的同时，还积极组织支部开展各类实践活动，并在工作中时刻按合格党员的标准严格要求自己，发挥了党员的先锋模范作用。他多次组织各专业教师进行野外备课和研讨活动，通过对野外地质现象的探讨，如到延庆周边、大同、蓟县等地，进一步增强对地质理论的深刻理解，为今后的课程教学提供帮助；积极组织教师参加我校举办的“全国油气地质大赛”的筹备和赛事工作，在大赛组织、大赛试题、初赛选拔、决赛点评的多个环节都有地质学支部党员教师的贡献。努力终究换来收获，他获得了中国石油大学(北京)2015—2017 年优秀共产党员荣誉称号。

审稿人：常小飞

爱生助生育生　一言一行一心

——记中国石油大学(北京)优秀教师余一欣

余一欣，男，江西省婺源县人，1977年出生，中共党员。副教授，博士生导师。2006年留校任教，现任中国石油大学(北京)地球科学学院副院长，分管科研工作。中国石油大学(北京)青年骨干教师，主讲本科生核心专业课程“构造地质学”和“综合地质实习”，以及研究生专业课程“板块构造与盆地动力学”。参编教材2部，主持校级教改项目5项，参与国家级教改项目1项，发表教改论文2篇，获得2017年中国石油教育学会优秀教学成果特等奖和2017年学校第十届优秀教学成果二等奖。负责或以主要研究骨干身份参与国家科技重大专项、国家自然科学基金项目、省部级重点研究项目及油田委托研究项目20余项，发表第一作者论文40余篇，合作出版论著3部，获省部级科技进步一等奖2项，二等奖1项。

倾心投入教育事业，助力学生快速成长

作为一名高校教师，余一欣在从事教育事业过程中能始终以爱作为出发点，爱职业、爱专业、爱学生。“师爱”是教师教育学生的感情基础，只有对学生付出不计回报的爱，学生才会“亲其师”而“信其道”。在教学过程中，他践行“以学生为中心”的教育理念，及时完善和更新课件内容，创新教学思路，积极改进教学方法，注意与学生的交流和互动，引入双语、实践、小组研讨等授课方式，强调全过程考核，将复杂的地质知识以通俗易懂的方式传授给学生，培养学生终身学习的能力，既调动了学生学习的主动性和积极性，又提高了学生分析问题和解决问题的能力，还培养了学生的团队合作和创新

意识，对学生的快速成长起到了关键作用。

余一欣在综合地质实习现场

拓宽人才培养渠道，提高学生就业能力

余一欣时刻关心学生的学业和就业问题，积极参加创新创业训练项目、科研零距离等各类线下学生综合素质培养活动，提高学生动手解决实际地质问题的能力。另外，他通过自己承担的与油田企业合作的科研项目，在企业建立实践平台，为学生提供实践之所。学生在油田现场深入一线实践学习，融入现场工作环境，能够清晰认知自我，即时提升能力，并培养与各类人打好交道的能力。同时根据不同年级学生特色指导学生提前做好职业生涯规划，帮助学生认清就业形势，重新定位自我价值，恰当平衡生活需求和工作追求，避免择业过程中的“高不成、低不就”的心态，帮助学生树立正确的择业观，并积极向油田企业推荐优秀学生，全方位提高学生就业能力。

潜心科研项目攻关，解决油田实际生产问题

余一欣长期从事含油气盆地构造地质分析方面的科研工作，承担或参与多项国家自然科学基金项目、国家油气重大专项和横向科研项目的研究工作，主要对我国塔里木盆地、渤海湾盆地、四川盆地、珠江口盆地等的构造特征进行了较深入的研究，在盐构造解析、断裂变形、郯庐断裂带、输导体系以

及构造物理和数值模拟等方面取得了一些创新性的认识与成果，得到了油田企业的高度评价，相关成果在油气勘探生产实践中也得到了应用，并在 *AAPG Bulletin*、*Marine and Petroleum Geology*、《石油勘探与开发》《石油学报》《石油与天然气地质》等国内外知名期刊上公开发表40余篇学术论文，获省部级科技进步奖3项。同时他还将科研成果有机地融入教材、课件和实践教学实例中，促进了教学内容的不断更新，有效提升了教学效果。

尽职尽责，做好教职工服务工作

在完成繁重的教学和科研任务之余，余一欣还积极组织和参加各类教职工公共服务活动，尽职尽责，任劳任怨，深受大家的好评。在担任贫地与油藏研究中心党支部书记期间，他带领大家积极开展献爱心、讲科普、党员特色实践等活动，塑造了中心党支部的良好形象，支部也被称为2015—2017学年学校先进党支部和2017年北京高校先进基层党组织，并入选2018年教育部首批“全国党建工作样板支部”建设名单。另外他担任学校工会主席，牺牲了大量自己的时间和精力，本着“切实为广大教职工服务”的工作理念，积极组织协调，举行趣露水运动会、乒乓球比赛、篮球比赛、长走和新年晚会等各种活动，不仅活跃了学院的科研和教学气氛，而且还提升了学院的凝聚力，取得了较好效果。学院工会连续多年获得学校先进部门工会称号和特色工作奖，他自己也多次被评为学校优秀工会干部。

审稿人：杨冀宁

勤于钻研勇于探索　专于育人乐于奉献

——记中国石油大学(北京)师德标兵吴欣松

吴欣松，男，1969 年出生，博士。1991 年本科毕业于华东石油学院勘探系石油与天然气地质勘查专业，获学士学位；1994 年获得石油大学(北京)煤田油气地质与勘探专业硕士学位；2005 年获得中国矿业大学(北京)工学博士学位。1994 年留校任教，高校教龄 26 年。主要从事油气田勘探评价、油气藏开发地质、油气储层地质方面的科学研究，获得省部级科技进步奖 2 项。目前主要承担的教学工作包括本科生通识基础课“普通地质学”的理论讲授与野外实习指导，资源勘查工程专业本科生必修课“油气田勘探”的理论授课与课程设计指导、地质工程专业硕士研究生学位课“油气田开发地质工程”的理论讲授与课程实训指导。曾先后获得校级、院级教学成果奖 10 余项，并获校级优秀教师、师德标兵、优秀工会干部等多项荣誉称号。

爱岗敬业，潜心执教，努力讲好每一堂课

吴欣松自 1994 年留校任教以来，一致坚守在教学工作第一线，年均课表学时在 200 以上，在教学岗位上勤勤恳恳，任劳任怨，默默地奉献着自己的青春与智慧。先后为本科生主讲“油气田勘探”“油矿地质学”“普通地质学”为硕士研究生主讲“油气藏开发地质”“油层对比原理与方法”“油气录井工程”“油气田开发地质工程”等课程。曾获得院级和校级教学成果奖 10 余项。

2003—2010 年，一直担任资源勘查工程(地质工程)专业油矿地质现场实习负责人。2014—2019 年，担任资源勘查工程专业(卓越班)油田现场实习实训以及企业毕业设计的现场负责人。2006 年以来，长期担任本科生“普通地质学”野外地质指导教师及实习负责人，多次被评为校优秀实习团队，并获得优秀实习指导教师称号，为地学院本科生专业实践教学以及卓越工程师计划实施做出了很大的贡献。

吴欣松带领学生开展野外地质实习

努力探索，锐意进取，积极开展教学改革

吴欣松针对他每一门主讲的课程，积极探索教学规律，精心准备课程教学资源，取得了一系列的教学成果。近5年来，主编和参编出版的教材共4部，公开发表相关教改论文5篇。

作为“油气田勘探”课程团队负责人，他积极带领课程团队的教师，开展课程内容体系的改革与探索、教学资源的丰富与拓展，分别于2001年、2006年、2020年完成了《油气田勘探》教材的编写出版与两次修订工作，完成了“油气田勘探”在线课程建设、教学案例的编写、习题库的建设。提出了针对性强的课程教学方法体系，包括：勘探技术与方法的启发式教学、勘探程序与阶段的对比式教学、勘探部署与设计的研讨式教学、勘探评价与决策的辨析式教学等。

2008年以来，他围绕“油矿地质学”国家级精品课程和网络资源共享课程建设，从油田实际资料的收集整理，到实训工区与数据库的建设，以及实训环节与内容的精心设计，全面负责并完成了该课程实训资源的整合，主编和公开出版了配套教材——《油矿地质学习题与实训》。

自2012年起，吴欣松老师勇挑重担，只身承担起地质工程领域全日制专业学位硕士研究生学位课程《油气田开发地质工程》课程教学。该课程选课的学生人数多，每学年近百人，而且学生涉及多个学院，专业生源广、专业基础薄。为了提高教学质量，更好地加强培养专业学位硕士研究生，他以教育部提出的“研究生培养模式创新”和“质量保障体系构建”为着力点，先后开展了多轮课程教学改革与探索，完成了“油气田开发地质工程”校级重点课程建设，以及在线建设课程建设。在教学中，全面贯彻四个加强：①加强多学科间的交叉融合，以拓展专业学位硕士研究生的知识面；②加强理论教学与案例教学的结合，以深化学生对学科理论及其应用的系统认知；③加强实训教学环节的设计与过程辅导，以提高学生解决工程实际问题的能力；④加强国际标准与行业标准的普及，以提升学生的工程专业素养。围绕该课程的教学改革，主编并出版了石油高校院校特色规划教材《油气田开发地质工程》，完成了该课程的线上运行。

踏实肯干，乐于奉献，坚持站好每一班岗

吴欣松对待学生耐心细致，对待工作积极热情，坚持站好自己的每一班岗，履行好自己的每一份职责。

在2011—2017年初担任地学院工会主席期间，吴欣松立足“围绕学院教学科研等中心工作，建设和谐学院和温馨职工小家”的目标，着力加强工会组织管理，活跃教职工文体生活，营造学院温馨气氛，积极开展建设“民主之家”“学习之家”“快乐之家”“和谐之家”等建家活动；积极推进学院民主决策，为普通教职工排忧解难；积极组织丰富多样的工会活动，以及以回报社会为目标的科普活动。在此期间，地学院一直被评为校优秀部门工会，并多次获得特色工会活动组织奖。吴欣松多次获得“优秀工会干部”的荣誉称号。

以身作则、润物无声，做学生的良师益友

在培养学生的过程中，吴欣松始终不忘教书与育人的双重职责。在传授专业知识的同时，不忘学生的思想教育；在野外实习教学中，以身作则，培养学生吃苦耐劳的品质；在研究生培养过程中，循循善诱，润物无声，教会他们开展科学研究的方法。

他利用担任专业班主任、本科生导师、硕士生指导教师的身份，经常与

学生开展推心置腹的深入交流，注重培养学生树立科学的世界观、人生观、择业观，坚持做学生生活的关爱者、学科专业的启蒙者。其担任班主任的1994级综合勘探班、2008级地质工程转专业班，分别获得中国石油大学(北京)先进班集体、北京市优秀班集体称号。

审稿人：常小飞

火热的青春，奋斗的足迹

——优秀学生事迹选编

德才兼备使命在肩　绿水青山家国情怀

——记全国百名生态环保志愿者杨晟颢

杨晟颢，男，汉族，辽宁省铁岭市人，中共党员，1995 年出生，中国石油大学(北京)地球科学学院地质资源与地质工程专业研 17 级学生，曾任中国石油大学(北京)青年志愿者协会主席、校篮球裁判协会主席、首都高校环境文化季执委会主席，地学院兼职辅导员、学院团委(学生)副书记、蒲公英青年志愿者协会、地质爱好者协会(李四光中队讲师团)指导教师。先后荣获全国百名生态环保志愿者、王涛英才奖学金、北京市环保明星、第三届全国高校网络教育优秀作品推选展示活动优秀奖、首都先锋杯优秀团干部、北京市暑期社会实践先进个人、北京市优秀毕业生、中国石油大学(北京)校长奖、中国石油大学(北京)优秀学生党员、中国石油大学(北京)优秀辅导员等荣誉，入选 2020 年北京榜样周榜、北京市昌平区青年榜样，完成团中央及学校思政项目 5 项，以第一作者身份在《高校辅导员学刊》《中国地质教育》等发表思政文章 7 篇。

青年党员责为先，德才兼备任在肩

杨晟颢发挥青年党员的模范带头作用，积极承担学生工作。在担任学生干部的过程中始终秉承“德才兼备，以德为先”的理念，坚持“做团员友，不做团员官”的工作作风，将自身岗位定位为党团与青年之间的桥梁，深受同学认可。作为青年党员，他在社团建设和创新方面努力探索。担任校青年志愿者协会(以下简称校青协)主席期间，他全面管理和负责校青协各项工作，参与“希望工程激励行动”及“京津冀晋蒙”环保骨干培训班，带领志愿者在北京田径世锦赛、农业嘉年华等北京市多项大型赛事活动中完成组织和管理工作。在他的带领下，校青协也凭借支教、动保等长期优质志愿活动获得“北京市青年文明号集体”，动物保护项目获得“首都学雷锋志愿示范岗”称号。

学习方面，他发挥模范带头作用，带领同学积极参加学科竞赛。作为队长参加“认证杯”数学建模国际赛获得一等奖并获全球数学建模能力高级认证，参加数学建模美赛获一等奖。在课余他还考取国家二级篮球裁判证并服务学校及昌平区各级篮球比赛，多次获得校篮球赛最佳裁判称号。因其优异表现，他先后获得中国石油大学校长奖、首都先锋杯优秀基层团干部、北京市优秀毕业生等荣誉。

杨晟颢在北京学联、团市委主办的首都大学生英才学校中与来自各高校的“英才”共同经历了一段难忘的时光。市团校的课堂上，名家讲堂让他明白“为天地立心、为生民立命”的家国情怀；冬奥塔上，英才学子拼成的图案发送至国际奥委会总部，让他的笑容与世界相连；暑期的韶山之行，“为有牺牲多壮志，敢教日月换新天”的豪情让红色基因融入他的血脉；首届全国中小学生新能源汽车挑战赛，带领的团队获得亚军让他无比欣慰；烈士纪念日前，他是天安门日夜排练标点定点的工作者，活动当天有幸与国家领导人共同参加庄严肃穆的纪念仪式；北京市学代会中，他是为参会代表团筹备引导的联络员……因为有这样一段共同的经历，“英才”成为英才学员永恒的标志。英才学校毕业后，他们中有的人奔赴西藏到祖国最需要的地方建功立业，有的人前往云南到教育最稀缺的地方教书育人，他也秉承英才人“德才兼备 勇担重任”的校训，坚持战斗在服务育人一线，成为了一名以“立德树人”为志向的兼职辅导员。他在岗位中加强理论研究，获得中国石油大学(北京)就业征文一等奖、学工论坛三等奖、全国网络教育优秀作品优秀奖等多项奖项，同时创建网文专栏“颢梁之上”，发表网文8篇，累计阅读量

杨晟颢与英才学校校友在北京市团校

破万次。

绿水青山践生态，跃马扬鞭再奋蹄

担任兼职辅导员期间，杨晟颢以“立德树人”为己任，力求将党的先进思想传播到学生心中，培养所有学生成为新时代新青年。十九大结束后，他结合专业特色，响应“绿水青山就是金山银山”的“两山论”理念，成立绿水青山宣讲平台，将社会主义生态文明建设和“美丽中国”理念的种子在首都高校中播撒。他以身作则，担任第十三届首都高校环境文化季主席，带领文化季打造了 13 项环保精品活动，活动紧扣生态文明建设精神，充分发挥首都高校环保社团能动性，在首都高校中掀起绿色浪潮。

他创办的宣讲平台构建师资队伍、社团骨干、优秀校友资源三级队伍体系，把握信息时效性和活动亲和性，绘制绿色蓝图，倡导绿色生活，切实推动新时代大学生社会主义生态文明建设的生动实践。平台成立以来，共开展主题活动十余场，覆盖人数千人以上，其中地球“箱”信你活动回收纸箱约 1.5 吨；索尼青年环保领袖活动中“植物叶片对颗粒物的吸滞作用”项目荣获三等奖；带领学生参加“核与辐射安全监管大讲堂”并受邀参观核电站；“一视青缘”视频分享活动播放环保纪录片传递环保精神……与此同时，在他的带领下，蒲公英青协“乐水行”志愿项目已经成为首都高校环保活动中的品牌项目，先后获评“全国大学生绿色梦想共创计划”全国三等奖、“互联网+”大赛北京赛区三等奖、昌平区优秀志愿项目等荣誉，除此之外，旨在引导大学生提升节约资源和保护环境的基本意识的“环保盒子”项目和“胸怀桃李之志，践行志愿精神”系列支教活动持续开展，在倡导校园环保活动的过程中推动“美丽校园”建设。他积极组织社团承办北京高校动漫大赛，筹办首都高校环境知识竞赛，帮助环境相关专业学生创新创业项目获取专业指导，为高校学子提供践行社会主义生态文明建设的优质平台。

青年党员重实践，服务国家勇向前

杨晟颢用脚步丈量大地，在社会实践中感知祖国冷暖，助力脱贫攻坚。杨晟颢作为地学院社会实践工作负责人，结合专业特色构建以“大地之光”为主题的社会实践系列活动，下设“初心”“溯源”“圆梦”“丰碑”四

“圆梦大凉山”实践团青春分享会合影

大社会实践 IP，引领全院学生参与到社会实践中。他曾在暑假作为石大暑期支教团团长，开展践行社会主义核心价值观、精准助力“三下乡”为主题的暑期支教活动，带领两支暑期支教团分别奔赴河北省衡水市景县北留智村和辽宁省开原市三家子乡开展为期 15 天的暑期支教行动，获得首都大中专学生暑期社会实践优秀成果奖。2018 年暑期，他作为队长组建“圆梦大凉山，绘梦教育行”赴大凉山暑期社会实践团，实践团作为学校仅有的两支队伍之一成功入选“青年服务国家”首都大中专暑期社会实践百强团队，在结题评选中获评北京市二等奖。实践团在米尔小学建立社会实践基地，通过调研大凉山学生的受教育情况、家庭经济状况、留守儿童生存现状以及禁毒防艾教育情况，发放捐赠物资，顺利开展禁毒防艾、中华诗词、中国梦、趣味物理实验、手语等主题支教小课堂活动，同时结合专业知识开展野外地质调查等活动，一定程度上拓宽了当地学生的视野，缓解其学习生活的物质压力，提高当地居民地质灾害的认识，取得了坚实的实践成果。同年，他作为成员参加“寻梦延安，重走初心之路”赴陕西延安社会实践团和赴山西运城助力果农脱贫暑期社会实践团，两支队伍获评首都大中专暑期社会实践优秀团队，同时赴延安实践团入选由团中央学校部、中共延安市委、延安市人民政府联合组织开展的“追寻青春足迹·红色筑梦之旅”全国大学生延安实践专项行动百强团队，助力果农脱贫实践团入选教育部主办的第四届中国“互联网+”大学生创新创业大赛“青年红色筑梦之旅”赛道。

杨晟颢所在的党支部与李四光中队讲师团联合开展活动，赴延庆区康庄小学等地开展“红色 1+1”活动，多次进行地学知识科普支教，他作为答辩人参加了 2018 年校“红色 1+1”评选汇报，最终所在支部获评校二等奖。

杨晟颢选择在研究生阶段成为一名兼职思想政治辅导员，在兼职辅导员岗位上钻研业务、锤炼品格、全情投入，在与学生的朝夕相处中引领学生茁壮成长。他带领学生获得中国石油大学（北京）十佳大学生及校长奖等荣誉，同时带领集体获评首都先锋杯优秀团支部、校十佳示范班集体、红旗团支部等多项荣誉。辅导员岗位意味着更加重大的责任和无比光荣的使命。他用“德才兼备”自我要求及拥有“绿水青山”的家国情怀，作为无数新时代青年党员中的普通一员，用自己的行动践行着“青年服务国家”的庄严承诺，不曾疲倦，永不停歇。

审稿人：杨晟颢

用热爱与坚持铸就科研梦

——记第六次李四光优秀硕士研究生奖获得者张佳佳

张佳佳，男，汉族，中共党员，1990 年 12 月出生，山东德州人，现为中国石油大学(北京)地球科学学院优秀学科博士后，合作导师吴胜和教授。他在本科、硕士及博士阶段均就读于中国石油大学(北京)地球科学学院地质资源与地质工程专业，研究生期间一直跟随导师吴胜和教授从事深水沉积领域的研究工作，参与 4 项与深水重力流沉积相关的科研项目，包括国家重大专项子课题、国家自然科学基金面上项目等重大研究课题，取得了一系列相关研究成果。目前已发表论文 20 余篇，其中第一作者 7 篇，发表在 *GSA Bulletin*、*AAPG Bulletin*、*Marine and Petroleum Geology* 等该领域国际顶级期刊上，其研究成果揭示了不同构造背景下、多尺度的深水重力流沉积构型及其过程机制，对深化该领域理论创新和指导生产实践具有重要的促进意义。张佳佳在校期间获得了多项奖励和荣誉称号，其中 2015 年获得第六次李四光优秀硕士研究生奖，2016—2018 年获得中国石油大学(北京)优秀博士论文创新基金资助，2017—2018 年获得国家留学基金委资助，赴美国德克萨斯大学奥斯汀分校进行博士联合培养。

潜心深水研究，服务国家需求

张佳佳从事的深水沉积及其相关的油气勘探与开发研究既属于世界前沿研究领域，也是我国未来海洋油气战略的关键研究领域。相比于我国大部分的陆上油气田，深水油气田通常具有巨大的储量和单井产能，现已在全球多地的陆架边缘发现重多大型深水油气田，成为当今世界油气增产的重要来源。我国的南海地区也有着丰富的深水油气资源潜力，是我国未来油气勘探开发的主战场。然而，由于深水油气田的开发成本巨大，风险较高，对勘探开发理论和技术的要求十分严格，目前深水沉积在国际上已经有 60 多年的研究历史，多家国际石油公司已经具备了一套较为成熟的深水油气勘探开发技术体系。但我国的深水沉积研究开始于本世纪初，研究历史较短，理论和技术都还很不成熟，深水油气田的勘探开发主要依赖与国际石油公司的合作。因此，深水沉积及其油气勘探开发理论技术的发展对我国拓展海洋油气资源至关重要。

面对我国当下亟需的深水能源需求，张佳佳自硕士阶段起便致力于深水沉积的研究，立志钻研深水沉积理论，解决制约深水油气勘探开发的关键技术问题，缩小我国与国外在该领域研究的差距。为此，他在硕博期间(7 年)积极参与多项与深水沉积相关的重大研究课题，对不同盆地背景下的深水沉积进行了深入的理论研究和对比分析，并在充分学习和总结国外研究成果的基础上，取得了一系列的理论创新和技术突破，包括：建立了海底扇水道体系及朵叶体系的半定量-定量储层构型模式，提出了适合于海底扇储层的构型表征与建模技术，揭示了海底扇储层构型控制下的流体差异运动规律，阐明了被动大陆边缘重力滑脱构造活动对海底扇沉积构型的控制作用机理，确立了板块活动与冰川动态联合控制下的海底扇发育模式。这些研究成果均发表在国内外重点期刊上，得到了国内外同行的普遍认可，对促进深水沉积学发展、指导深水油气精细勘探与开发具有重要的理论及实际意义。

张佳佳一直潜心深水研究，在长期的科研攻关中培养了较强的科研能力，勤于思考，善于钻研，富有创新精神，在深水研究领域具备扎实的理论基础和实践能力，以期通过他的不懈努力能为我国深水油气勘探与开发贡献力量。为与国际深水研究接轨，掌握最前沿的研究动态，他曾先后多次参加国际高水平学术会议，包括 AAPG 年会、AAPG 国际会议、国际沉积学 IAS 会议、国际古地理 ICP 会议等，与国际同行积极交流研究进展，分享研究经验，

张佳佳赴美国德克萨斯大学奥斯汀分校访学交流

并在会后积极整理汇总当下的研究热点，以不断拓宽深水研究领域和研究思路。此外，他在博士期间赴美国德克萨斯大学奥斯汀分校访学交流1年，与国外导师及同行进行了广泛而深入的学术交流合作，通过参加一系列的学术研讨会、海上实习作业以及国际海洋钻探计划(IODP)相关的课题研究，对国外的深水知识体系及工作方法流程有了总体的了解，为其回国后继续深入开展深水研究积累了丰富的研究经验和方法思路。

坚守学术道德，不忘科研初心

学术能力和学术成果固然十分重要，但倘若没有崇高的学术道德作约束，科学研究便失去了它本身的意义。张佳佳一直谨记导师吴胜和教授的谆谆教诲，在科研中保持着严谨治学的态度，对待学术始终怀有一颗敬畏之心。面对学术问题，他力求追根溯源，推陈出新，发散求索，反复论证，这样虽然会在一定程度上降低成果产出，但能从根本上保证成果质量，能够对学科发展及实际应用起到真正的促进作用。他坚信科学研究不在于求速，关键在于求真、求实，工作上脚踏实地，坚持实事求是，对学术精益求精，严格遵守学术规范，这样才能做出真正有意义有价值的科研成果，急于求成在科研上是不可取的。科研不应被功利之心所驱使，科研的初心应当源自内心的热爱，源自解决问题后的欣喜，只有坚守学术道德，淡泊名利，才能不忘科研初心，享受科研带来的乐趣。

注重团队协作，促进共同发展

在长期的科研过程中，张佳佳深刻地认识到，优秀的科研成果离不开一个优秀的研究团队，只有团队成员通力协作，和谐共赢，才能营造良好的科研氛围，更好地完成科研任务，而各自为营，勾心斗角则会对科研环境造成极坏的影响。作为研究团队中的核心成员，张佳佳总是带头从最基础的研究工作做起，用实际行动给他人做出表率，主动分享研究经验，积极组织工作研讨，带领团队一起攻坚克难，其所在团队取得了多项骄人的科研成果，得到了学校老师和油田领导的一致好评。他一直以低调做人、高调做事为人生理念，在集体工作生活中保持着谦虚谨慎的态度，与人为善，努力营造一个轻松友爱的团队大家庭，让每一名成员都能发挥各自的能量，为团队目标做出贡献，实现共同发展。面对团队中的利益冲突，他始终以集体利益为出发点，秉持公平公正的原则，劝导大家进行换位思考，以沟通交流的方式促进彼此间的信任理解。

审稿人：王思聪

以梦为马　不负韶华

——记第七次李四光优秀硕士研究生奖获得者彭俊文

彭俊文，1991年2月出生，男，汉族，重庆开州人。2009年9月—2013年6月于中国地质大学(武汉)资源勘查工程专业(石油地质)学习，获工学学士学位；2013年9月—2016年6月在中国石油大学(北京)地质资源与地质工程专业(石油地质)学习，研究方向为油气资源形成、分布与勘查，获工学硕士学位；现为美国得克萨斯大学奥斯汀分校地质学专业在读博士生，研究方向为深水细粒沉积体系。博士研究课题受美国地质学家协会(GSA)研究生基金资助。读书期间，彭俊文先后获得第七次李四光优秀硕士研究生奖、国家奖学金、中国石油英才奖学金、中国石化英才奖学金、中国石油大学(北京)优秀毕业生、*Marine and Petroleum Geology* 杰出评审人等荣誉。以第一作者或通讯作者身份在 *GSA Bulletin*、*Sedimentology*、*AAPG Bulletin* 等行业一流期刊上发表论文九篇，并长期受邀担任 *AAPG Bulletin*、*Marine and Petroleum Geology* 等期刊审稿人。

推开地质学的奇妙大门

对于彭俊文来说，高考志愿选择资源勘查工程专业有着误打误撞的运气。在高中时期，彭俊文的数理化成绩非常优秀。当时，报考国内一流大学的建筑、机械等传统工科专业一直是他的梦想。但高考的失误让他不得不放弃选择这些一流大学的传统工科专业。在与父母、老师和好友的商量沟通后，彭俊文选择了中国地质大学(武汉)的石油地质专业作为其2009年的高考志愿。大学本科四年的学习使彭俊文很快爱上了地球科学这门探究地球奥秘的学科。在大学期间，彭俊文参加了两次学校组织的野外地质实习：北戴河地质实习和周口店地质实习。这个书本知识与野外实践并重的学科使彭俊文产生了极大兴趣。他借助野外实习的机会锻炼自己的野外勘察技能，由于其优秀的表现，彭俊文获得了中国地质大学(武汉)周口店野外地质实习优秀学生的荣誉。探究地球奥秘的兴奋与快乐让彭俊文决定继续读研深造。2013 年 9 月，彭俊文以专业第一的身份保研至中国石油大学(北京)，师从庞雄奇教授。

科学素养的塑造

进入中国石油大学(北京)攻读硕士研究生的第一年，彭俊文便积极参加导师(庞雄奇教授)组织的自由学术报告会。该报告会旨在锻炼学生提出问题、分析问题、解决问题、得出结论的科学思维，且能一定程度培养学生口头表达能力。彭俊文在研一期间便两次荣获自由学术报告会最佳报告人称号，在此期间，他的科学素养得到了极大锻炼。

研二开始，彭俊文便作为项目成员加入“十二五”国家重大专项与中国海洋石油总公司重大攻关项目研究。这一时期彭俊文主要致力于中国南海珠江口盆地油气藏形成机理与分布规律的研究工作。通过他两年来的刻苦攻关，对珠江口盆地珠一坳陷烃源岩生排烃特征、(准)致密油气资源潜力、油气输导模式及有利运聚区带等问题取得了新的认识，具体如下：①基于珠一坳陷惠陆地区古近系烃源岩地质、地化特征的刻画，遵循物质平衡原理，建立了烃源岩生排烃模型，结合地层埋藏史与储层致密史，对惠陆地区(准)致密油气资源量进行了定量预测；②基于对珠江口盆地惠西半地堑原油地化特征、原油物性特征、流体势分布、储层展布及物性特征的分析，指出研究区连续展布砂岩体是油气运移的具体介质，构造脊是油气运移的优势通道，流体势差是驱动油气运移的主要动力，油气的运聚过程受三者共同控制，并进一步指明了研究区有利的油气勘探领域；③揭示了珠一坳陷油气输导格架由断裂、不整合面、连续展布砂岩体以及构造脊四大地质要素组成，并对各单一地质要素控油气输导模式进行了定量表征；④基于对珠江口盆地惠州凹陷古近系油藏地质特征及原油地化特征的剖析，结合烃源岩地化特征、生排烃史、油气充注时期、充注路径等，建立了惠州凹陷古近系油气藏成藏模式，对珠江口盆地深层古近系油气勘探起到指导作用。

硕士期间，彭俊文以第一作者身份发表论文四篇，其中两篇文章发表在 *Marine and Petroleum Geology*，一篇文章发表在 *Canadian Journal of Earth Sciences*，一篇文章发表在石油学报。并于 2015 年受邀前往美国丹佛参加美国石油地质学家协会年会(AAPG Annual Convention & Exhibition)。通过本次参会，彭俊文第一次接触到来自世界各个国家的石油公司代表以及各个国家高校地质领域的一流专家，也是这次参会使他萌生了今后前往地质领域世界一流大学深造的想法。由于上述突出成果，彭俊文在2016年底荣获第七次李四光优秀学生奖。

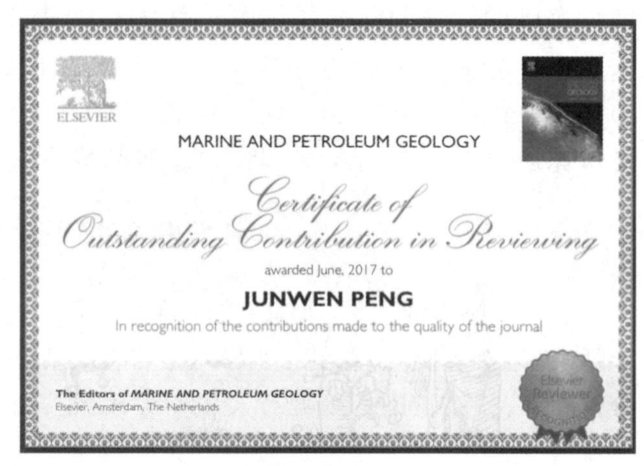

彭俊文荣获的
Marine and Petroleum Geology 杰出审稿人证书

向学术的巅峰攀登

经过一年多的准备和申请，彭俊文最终如愿被全美排名第一的得克萨斯大学奥斯汀分校地质学专业(博士)录取。来到美国之后，彭俊文将当时全球研究热点——深水细粒沉积体系，作为自己博士研究课题的方向。在这所世界著名的顶尖学府里，彭俊文终于有更多的机会和全球最顶尖、最优秀的科学家们共事和学习。其中，页岩岩石学和成岩作用专家、SEPM前任主席Kitty Milliken研究员，沉积体系理论的提出者、里根时期美国能源部部长William Fisher教授，陆架边缘浅水三角洲沉积体系专家Ron Steel教授等知名专家均加入彭俊文的博士论文指导委员会，共同指导其博士论文研究。

在各位高水平专家的指导下，彭俊文的博士研究课题获得了美国地质学家协会研究生助研金(GSA Graduate Student Research Grant)的支持。目前，其部分博士研究成果现已发表在*GSA Bulletin*、*Sedimentology*、*AAPG Bulletin*等专业领域一流的期刊上。面对未来的科研道路，彭俊文用得克萨斯大学奥斯汀分校地学院每年毕业典礼上对学生的寄语做了回答："Start from here, changing the world of geosciences."

审稿人：王思聪

勤奋刻苦　精益求精　天道酬勤　求真务实

——记第八次李四光优秀硕士研究生奖获得者刘念

刘念，男，湖北宜昌人，1990 年 12 月出生，中共党员，中国石油大学(北京)地球科学学院地质资源与地质工程专业博 2017 级学生，研究方向为油气成藏机理。在国内外期刊已公开发表学术论文共 13 篇，其中第一作者 SCI 论文 3 篇，国家发明专利 3 项。曾获第八次李四光优秀硕士研究生奖、AAPG 全球助研金、国家奖学金、中国石油大学(北京)三好学生、优秀研究生、优秀毕业生等荣誉称号。

天道酬勤，柳暗花明

在刘念心里，“天道酬勤”一直是他在科研和学习道路上取得成果的重要法宝。在即将进入硕士研究生生活的那个暑假，他就积极地加入实验室的学习和工作中。到了实验室他认真学习磷灰石裂变径迹实验的制样、测试等工作，因为是刚刚接触新的领域，常常有很多不懂的地方。那时他就一边做实验，一边阅读相关文献。一个暑假下来，学习了不少新的知识，同时，也给他迅速适应新的研究生学习环境提供了帮助。

开展硕士毕业论文期间，为了锻炼独立自主的科研能力，他的导师邱楠生教授安排了一个大的方向。至于这个课题大体是做什么的、应该怎么做、可能会出现什么结果、可能会遇到的问题及其相应的解决方法都要自己先调研。对于刚上硕士的他，可以说在相当一段时间内是无法适应这种工作模式。那段时间他感到惆怅和迷茫，花费很长时间阅读了大量的文献，包括该方向研究进展、工区研究概况、国内外新方法调研等。最终写了一份完整的开题报告给导师批阅，最后报告被修改得密密麻麻，还在结尾用红笔大大写了“重写”两个字，这也让他一度彷徨，怀疑自己的科研能力。但是，他并没有放弃，继续请教师兄师姐以及阅读文献，认真调研，最终顺利通过开题答辩。经过这次开题，他也认识到了自己的不足和缺陷，因此，在后面的工作中，他一直没有懈怠。硕士期间一边做华北油田横向项目，一边写期刊论文，“996”的工作作息也成了常态。通过研究生的学习，他也明白要想走在科研的前沿，必须花费大量的时间研读文献，做大量的探索和实验。对于科研工作者，任何人不付出时间是很难做出好的成果的。

求真务实，精益求精

硕博期间，刘念一直从事着深潜山油气成藏机理方面的研究。一直以来，油气地质学具有一定的主观性和经验性，在“民间”不被认为是一门严格意义上的科学。但是，刘念在油气成藏机理研究过程中，一直重视实验的分析，包括实验过程、数据处理等。硕士期间，他在做实验过程中发现，在荧光显微镜和荧光分光计下碳酸盐岩矿物在紫外光的照射下会发出微弱的荧光。因此，用目前常用的定量颗粒荧光技术来揭示碳酸盐岩储层的古油-水界面往往会造成误差。为了弄清利用该技术揭示碳酸盐岩储层的古油-水界面的阈值，他几经周折收集了我国不同地区野外碳酸盐岩露头、纯碳酸盐岩矿物和不同油区碳酸盐岩储层岩心。然后自己每天早出晚归挤地铁去中国石油勘探开发研究院做实验，通过实验分析，揭示了该阈值，从而扩宽了定量颗粒荧光技术的适用范围，对深层碳酸盐岩复杂多期的油气成藏演化的重建具有意义。另外，深潜山具有时代老、埋藏深、构造运动复杂、成藏历史复杂等特点，油气成藏期常常成为诸多学者争论的话题。为了更明确地揭示深潜山油气成藏期次，更有证据地消除争论，他采用了流体包裹体显微测温学、傅里叶红外、天然气稀有气体同位素等多方法、多手段最终揭示了油气成藏时间，重建了油气成藏演化过程。功夫不负有心人，最终的成果分别发表在不同的国外学术期刊上。

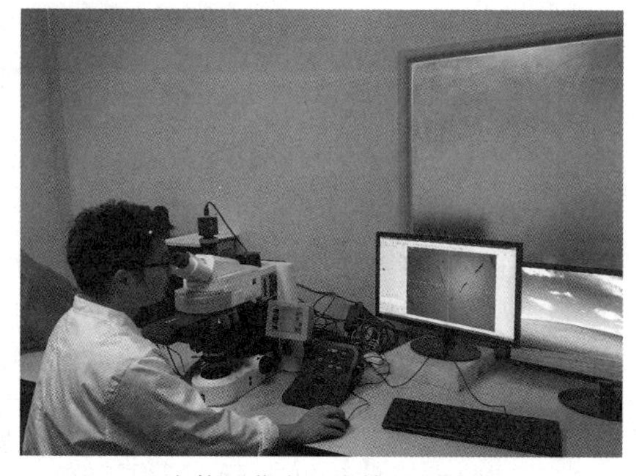

正在使用荧光显微镜的刘念

心怀感恩，砥砺前行

刘念是在中国石油大学(北京)邱楠生教授团队硕博连读，在这6年中的他很庆幸也很感激来到这个团队。和很多刚上研究生的新人一样，刚开始进行科研时也是懵懂无知的，不知道怎么调研文献、设计实验、撰写论文…这期间邱门的大家庭给予他很大的帮助。其中，对他影响和帮助最大是导师邱楠生老师。在硕博期间，邱老师一直坚持着“授之以鱼不如授之以渔”的教育方法，培养了他的独立思考和解决问题的能力，鼓励和支持他勇敢地去实现自己的想法，营造了一种宽松自主的科研环境。同时，邱老师在学术方面是非常严谨的，不容许有半点马虎。不管是科研报告还是学术论文，他都会仔细批阅认真修改。他的第一篇英文论文邱老师不厌其烦地批改了5次，包括专业方面、语法及拼写错误，这一点他是深感佩服。另外，邱门的师兄师姐师弟师妹对他的影响也是很大的。大到某些研究的思路、方法和技巧，小到画图和使用软件的技巧，刘念都得到了他们的帮助。他认为，团队协作也是自己取得成果的重要因素。硕士和博士期间，他参与了两个中国石油横向课题。硕士期间，由师兄带领他和另外一名同级的硕士一起工作。他们三人互帮互助、砥砺前行，最终结题的时候该项目组一共发表4篇SCI学术论文，三人均赴美国参加了AAPG石油地质年会。博士期间，导师安排他带领两名师弟一起工作。同样地，他们互相学习、共同进步。结题的时候该项目组也发表4篇学术论文，3项国家发明专利，三人也均赴美国参加了AAPG石油地质年会。这也让他明白，“一个篱笆三个桩、一个好汉三个帮”，一个人的力量往往是有限的，只有团队协作才能站得高、走得更远。在这一路上，他真心地感谢那些曾经帮助和指导过他的人。他始终坚信“勤奋刻苦、精益求精、心怀感恩”才能在科研道路上越走越远，这也是他一直以来奉行的原则。

刘念与邱楠生教授团队成员合影

审稿人：毕少琛

笃定理想信念　勇担青年使命

——记第九次李四光优秀硕士研究生奖获得者赵正福

赵正福，男，汉族，1993年2月出生，湖北宜昌人。2013年10月加入中国共产党，本科就读于中国矿业大学(北京)地球科学与测绘工程学院地质工程专业，2015年以优异成绩保送至中国石油大学(北京)地球科学学院地质资源与地质工程专业，攻读硕士学位，师从庞雄奇教授。曾获得第六次李四光优秀大学生奖、第九次李四光优秀硕士研究生奖以及国家奖学金、北京市优秀毕业生、优秀研究生、科技创新先进个人等荣誉称号。

笃定信念，坚持择业初心

赵正福出生于被誉为“中国磷矿之都”的宜昌，从小见惯了能源地质工作者在家乡踏勘的身影，这在他心里埋下了择业的种子。2011年高考之后，赵正福在志愿书上填报了“地质工程”专业，从此便与之结缘，开启了矿产地质的求学之路。经过数年的学习，他对专业的热爱愈加浓厚，也明白了国家能源安全形势严峻，深感作为地质工作者为祖国找油探矿责无旁贷。然而大一结束那年，地质专业就业形势急转直下，身边挺多人选择转专业。朋友问他要不要一同转到“电气工程”专业，一丝犹豫之后回想当年选择地质的初心，他果断止住了这个念头，继续在地质领域如饥似渴的汲取知识。大四保研那年，中国石油对外依存度首破60%，已近国际公认的65%警戒线。他相信油气领域大有可为，于是笃定信念，转而加入了中国石油大学(北京)庞雄奇教授“油气成藏定量研究”团队，希冀在这个领域夯实基础、增长才干。

潜心科研，服务国家战略

既然选择了远方，便不顾风雨兼程。在石大学习的三年里，庞雄奇教授平和豁达的待人风格、务实求真的治学态度、勤恳踏实的科研精神深深地感染了赵正福。以恩师为标杆，赵正福孜孜不倦、迎难克艰，舍友看到他每天高强度作息，都不由得感叹“我看着都累”，然而赵正福却努力坚守、乐在其中。他通过系统查阅国内外文献，与学术前辈交流，搭建知识框架，不断补齐知识短板，取得了优异的成绩。本硕期间，综合测评均位列专业第一，毕业论文均获评校优秀论文，现已以第一作者或合作作者身份发表期刊论文 12 篇、获 2018 年美国石油地质学家学会（AAPG）Grants-In-Aid 最高级别资助、授权国家发明专利 2 项、参与国内外行业顶级会议 4 次、协助导师整理专著 4 部。天道酬勤，他获得了“李四光优秀学生奖”“国家奖学金”“北京市优秀毕业生”“优秀研究生”“科技创新先进个人”等荣誉，以及受邀评审 *AAPG Bulletin*、*Marine and Petroleum Geology* 等国际行业顶级期刊稿件就是对赵正福多年努力的肯定。

赵正福深知理论知识需要应用于实践，才能实现其价值。“丝绸之路经济带”建设是国之大计，导师庞雄奇教授承担的南哈萨克斯坦项目正好位于这一国家战略咽喉之地，重要性不言而喻。从研一开始，赵正福就主动请缨，积极参与承担项目任务，刻画碳酸盐岩储层微观孔隙结构特征，揭示不整合及断层输导体系空间配置关系，分析油气运移路径与富集目标。此后，赵正福迅速成长为项目学生负责人，在项目顾问贾承造院士和庞雄奇教授的指导下，团队部署探井获得高产气流，突破了研究区近 40 年的勘探困境，促进了区域经济的发展，助力了国家战略的实施。科研项目之余，他也以个人或者组队的形式参加学科竞赛，与优秀同侪同台竞技，提升创新实践能力、培养团队协作能力，最终收获了首届全国油气地质大赛综合组二等奖，物理实验竞赛北京市三等奖等荣誉。

赵正福（左一）获第九次李四光优秀学生奖

锤炼个人，带动集体发展

习总书记在纪念五四运动100周年大会上曾说过：“离开祖国需要、人民利益，任何孤芳自赏都会陷入越走越窄的狭小天地”。赵正福深入学习总书记讲话精神，从个人和小集体开始做起。他深知个人的“鲶鱼效应”是集体发展的活力之源，由此营造的优秀集体氛围也会对个人发展形成良性反馈，在注重锤炼个人能力之余，他坚持带动集体发展，激发集体活力。本科期间，课程繁多，但每次课后或者考前，他都耐心细致地给同学们解答疑难问题，整理复习资料，所在班级成绩优异，曾获评“北京市优秀班集体”“校红旗团支部”；研究生期间，他更是发扬踏实刻苦的精神，努力钻研油气成藏理论知识，导师庞雄奇教授常说“不管什么时候来办公室，赵正福都在”，或分析数据或阅读文献，赵正福总能将空余时间规划得很好。这种坚持不懈昂扬的干劲儿激发了同门们的奋进潜力，众人各展所长、齐心协力，使得“油气成藏定量研究团队”脱颖而出，摘得“石大首届十佳集体”称号。

全面发展，勇担青年使命

科研之余，赵正福也注重均衡发展。他把握机会，培养演讲特长，曾获中国地质学会举办的首届“世界地球日”演讲比赛北京市二等奖，“理想深处”八校联合决赛一等奖等。他也热心志愿服务工作，“油气成藏机理与油气资源评价国际学术研讨会”中克服胆怯，全程陪同外宾并提供翻译服务，离开时外宾赠予澳洲礼物以表感谢；积极报名“温暖衣冬”活动，为农村困难群众送温暖；“双选会”上与用人单位沟通，积极服务求职毕业生；曾连续两届被推选为石大“研究生代表大会”代表，广泛收集意见后，为学校发展建言献策，部分已予采纳。担任学术部部委期间，他曾积极协助筹备，成功举办了“博地论坛”“研究生学术论坛”“新生交流会”等十余次会议，构建了与前辈沟通的桥梁，方便研究生思维的碰撞，帮助新生明确了前进的方向。

赵正福坚信青春注定要经历风化、剥蚀、搬运，不管身在何处，只要砥砺奋斗，终能在一方天地留下沉积的痕迹。硕士毕业之后，赵正福有幸得到了国家留学基金委的资助，开始在世界三十强名校哥本哈根大学读博深造。

梁园虽好，终非故乡，祖国始终是心之所系、情之所归。他表示学有所成之后一定回国，勇立时代潮头、担负青年使命，在油气勘探领域撸起袖子加油干，在祖国的万里长空放飞青春梦想，以真才实学服务人民，以创新创造贡献国家，不辜负党的期望、国家培养、民族重托，不辜负我们这个伟大时代！

审稿人：毕少琛

传承石油精神　将责任与坚持进行到底

——记第十一次李四光优秀硕士研究生奖获得者王恩泽

王恩泽，男，汉族，1995 年 2 月出生，河北唐山人，中共党员，2015 年 10 月加入中国共产党，现为中国石油大学(北京)地质资源与地质工程专业硕士研究生。曾任地学院研 17-4 班班长，地质 13-4 班班长；校研究生会文艺部、校社团联合会外事部、校学生会女生部、地学院学生会文艺部部委；校艺术团街舞队、话剧团队员。曾获第十一次李四光优秀硕士研究生奖、第十一届王涛英才奖、北京市优秀学生干部、北京市三好学生、北京市优秀毕业生等荣誉称号。自入校以来一直担任班长，连续 7 年被评为中国石油大学(北京)优秀学生干部，所在班级获得北京市优秀班集体 1 次，校级十佳班集体 2 次。担任队长的社会实践团队曾获北京市暑期社会实践优秀成果奖。

以学为本，攀登科研高峰

学生以学为本，学习成绩和科研能力是一切的基础。自进入大学以来，王恩泽勤奋刻苦，不懈努力。硕士期间专业综合测评排名 1/77。科研方面，刻苦钻研，目前以第一作者身份发表 SCI 论文 5 篇(中科院一区 1 篇，二区 3 篇，三区 1 篇)，中文核心 1 篇，以第一作者身份完成发明专利 1 项，收到国内外学术会议邀请 4 次(包括 AAPG ACE)，目前担任领域 SCI 期刊 *Marine and Petroleum Geology* 与 *Petroleum Science* 的审稿人。

他的科研之路起步较早，大二的一次学术会议，让他有机会以本科生的身份接触到自然科学基金，在中国地质大学(北京)开始自己的科研之路。最初他能做的只是整理资料，清洗实验仪器等基础性工作。随着对项目逐步深入的了解，在与老师沟通之后，他开始独立承担一部分课题的内容。之后的他开始了在地质大学和石油大学之间循环往复的生活，最紧张的时候，从早上八点到晚上十点，他和同伴一直坚守在实验室，不断地试验、观察、分析，探索科研深处的奥妙。最后通过半年的努力，他们完成了自己的研究工作，而他也将这次的科研成果认真总结，撰写了自己的第一篇学术论文，并于2016 年发表在中文核心期刊《现代地质》。

因对石油地质的热爱和对地质人责任的坚守，他选择继续攻读研究生。进入研究生之后，随着与油田公司交流的日益频繁，他越发意识到自己所学专业对整个行业的重要性。石油地质是石油勘探与开发的理论基石，一个明确且清晰的石油地质认识可以极大地减少勘探的成本和风险。在导师庞雄奇老师的指导下，开始在油田项目之中发现那些令人感到疑惑的问题，并且对其进行分析。这个过程是艰难且枯燥的，但是熬过黑暗，黎明格外让人喜悦。经过一年多的努力，基于项目研究内容，他以冀东油田的南堡凹陷为例，撰写了 5 篇学术论文，并完成了 1 项发明专利。论述了南堡凹陷深层含油气系统与优质储层的成因机制与主控因素；同时积极思考，在前人研究方法的基础上，提出了一种改进定量计算烃源岩生排烃特征和资源潜力的方法。由于本科已经有了中文核心论文的基础，这次他选择直接用英文撰写论文，以英文 SCI 为目标。投稿的过程是艰辛的，失败更是常态，他曾经在一周之内收到过 3 个期刊的拒稿通知。而他的第一篇和第二篇论文分别经过了 5 个月的审阅，而得到的是拒稿、一大修的反馈，其中一篇论文两个审稿人与主编的意见就长达 20 页，这些都让他异常沮丧。然而面对困难，基于对专业的热爱，让他重整旗鼓，再度出发。面对拒稿通知，他曾凌晨两点起床筛选期刊并重新投稿。对于编辑和审稿人的意见，他仔细对照，逐条回复，并积极联系编辑。最后经过不懈的努力，5 篇 SCI 论文最终都圆满录用。

在开展科学研究和论文撰写的过程之中，他也积极参与国内外学术会议，力求与国际接轨，向专业大师学习。硕士期间，共收到国内外学术会议邀请 4 次，并在意大利罗马的国际沉积学大会上受邀做专题汇报。多次的学术会议开阔了他的眼界，也为他后期科研成果的产出提供了帮助。鉴于在专业上的认知与积淀，他很幸运受邀成为了领域知名期刊 *Marine and Petroleum Geology* 和 *Petroleum Science* 的审稿人，在审稿的同时，也获得了学习和提升自己的机会。

锻炼能力，服务老师同学

秉持着“参与学生工作，提高个人素质，服务老师同学”的信念，入校 7 年来他一直担任班长，带领本科班级获得北京市优秀班集体 1 次，校级十佳班集体 2 次。个人连续 7 年获得中国石油大学(北京)优秀学生干部称号，并获得了 2015 年度北京市优秀学生干部，2017 年北京市优秀毕业生和 2019 年北京市三好学生等荣誉称号。

王恩泽获第十一次李四光优秀硕士研究生奖

初入大学，担任班长，他既是同学的服务者，也是班级的引领者，在生活中给予大家关心帮助，在学习上鼓励大家共同进步。在他和其他班委的共同努力下，班级建设发展迅猛，2013—2014 学年第一次班级考核中，所在班级以绝对优势获得了全校 13 级第一的成绩，并获得校级和北京市级的优秀班集体荣誉称号。在 2014—2015 学年，他与同学们戒骄戒躁，砥砺前行，为班级续写辉煌。在班级考核中再一次获得 13 级普通班第一的佳绩，并获得校级十佳班集体的荣誉称号。他本人也凭借优异的学习成绩和突出的学生工作，有幸获得 2014—2015 年度北京市优秀学生干部荣誉称号。他深知这个荣誉的分量，这是对他作为班长的认可，也是对他今后学生工作的勉励。学生工作说来辛苦，但却是在他成长道路最重要的一课，这教会了他成长、责任、担当、坚持和无畏前行。

进入研究生之后，怀着对学生工作的初心，秉持服务同学的宗旨，他主动担任地学院地质资源与地质工程研 17-4 班班长。在着力于班级建设的同时，也对新的集体进行了新的定位和思考，研究生的社会角色不同于本科生，作为国家和社会未来的专业人才，必须要紧密结合专业，提升学术氛围，将班级工作与科研工作相结合，调动大家的科研积极性。于是他依托师门资源，积极组织班级同学参与师门特色活动“研究生自由学术报告会”，使同学们可以与副教授、教授、甚至 973 首席、千人计划科学家、长江学者、全国优秀教师交流，这为后期班级同学积极参加其他科研和学术活动打下了坚实的基础。最终班级在研究生两年内累计参加国内外专业学术会议 26 人次，发表论文 17 篇，专利 3 项，获得校级及以上学术竞赛奖励 12 项，其中国家级奖励 5 项。研一学年综合测评中，班级同学包揽专业前 3 名，6 位同学名列专业前 10；研二学年综合测评中，班级同学 4 位同学名列专业前 5 名，7 位同学名列专业前 10。

身体力行，投身社会实践

作为一名石油地质人，关注社会发展，积极服务社会，奉献社会是当代青年的时代使命。他于 2013—2014 学年分别带领两个社会实践团队进行了暑期社会实践。作为领队，他根据所闻所见，深入思考，结合自身专业和石油工业发展情况完成了“共筑中国梦，青年在践行-油田现代化观察”实践报告，获得北京市暑假社会实践优秀成果奖，参与的“中国梦，石油行”地学院赴冀东油田暑期社会实践团获得中国石油大学(北京)暑期社会实践二等奖。

在学习和工作之余，他积极参加志愿服务和文体活动。除参加蒲公英青协组织的活动外，也结合自身专业，参与到专业相关的志愿工作之中。2017 年中国石油地质年会上，他有幸成为志愿者，专职接待老一辈石油地质专家、中国工程院院士翟光明院士，受到了主办方的高度评价，并被选为优秀志愿者。课余生活中，他曾参加校大学生艺术团街舞队、话剧团等社团，多次在院毕业晚会、校迎新晚会、大学生艺术团专场企业奖学金颁奖典礼上进行演出，曾代表学校话剧团参与北京市大学生艺术展演并获得北京市二等奖。

审稿人：毕少琛

不驰于空想　不骛于虚声

——记第十一届王涛英才奖获得者肖洪

肖洪，1990年出生，地质学专业2017级博士研究生，导师为王铁冠教授和李美俊教授，第十一届王涛英才奖博士生获得者。本科就读于中国石油大学(华东)，曾获山东省优秀毕业生、优秀共青团干部、优秀学生及优秀学生干部等荣誉称号；硕士期间获中国石油大学(北京)一等学业奖学金和优秀团员、优秀研究生荣誉称号；博士期间更是取得了综合测评排名专业第一的亮眼成绩。

天道酬勤，一分耕耘一分收获

肖洪的座右铭是“天道酬勤，厚德载物”。本科至博士的九年间，他发表论文14篇，其中第一作者身份发表5篇(SCI中科院JCR期刊分区二区3篇，三区1篇，中文核心1篇)，以共同作者身份发表9篇；参加国内学术会议2次，国际学术会议1次，并获得第17届全国有机地球化学学术会议优秀青年论文口头报告奖；参与国家自然科学基金、国家科技重大专项和国家重点研发计划等科研项目共4项。他说，自律是他成绩的垫脚石，勤奋和思考带给他好运。

勇担责任，协助学弟学妹成长

成绩优异的肖洪注重全面发展，本科期间担任班长和学院学生会副主席，热心投身班级和学院工作，组织学院篮球赛、排球赛等赛事，组织开展外联活动，组织古生物化石展览，带全校师生探寻生命的奥秘。肖洪说知识和经验是要拿出来分享的，帮助别人同时也能成就自己。基于此，硕士期间他担任了 2014 级资源勘查工程专业朋辈辅导员，原本规定一年的任职工作，肖洪却在他们成长的路上陪伴了四年，从学业规划指导、考研辅导、深造学校和导师选择、就业选择等给出参考建议。博士期间，作为研究生科技论文写作课助教，在批改作业和课后答疑的过程中，提升了自己英文科技论文写作能力；受邀参加地学院研究生 2019 级 8 班“不忘初心担使命，优良学风伴我行”主题团日活动中，肖洪给新生们传授文献下载、管理和阅读的经验，分享快速分类检索文献的方法，在论文的准备、写作、期刊选择等方面给出了有益的指导，详细讲解了学术不端的类型及其严重后果，帮助新生在进入科研阶段一开始，就能对英文科技论文写作有一个全面和正确的认识。

肖洪参加第十六届全国有机地球化学学术会议(2017)

肖洪参加戈尔德斯密特国际地球化学会议(2018)

播撒希望，展现青年学子的责任担当

肖洪说还是大一新生的时候，学校大学生“春晖支教队”的支教故事就深深地触动了他。2012 年，肖洪着手筹划支教活动，和志同道合的同学成立了“织梦天水”的支教队，撰写计划书、讨论方案、筹集支教经费。为给孩子们筹集更多购买学习用品和体育器材资金，支教队员们在校园里开展爱心募捐活动；炎炎烈日下，他们行走在校园，挨个宿舍收集废旧塑料瓶和废纸。支教方案的完备和支教队员们的努力打动了青岛市红十字会，他们获得了红十字会部分资金的支持。经过一年的充分准备，2013 年(大三)肖洪带领 8 名同学前往全国贫困县甘肃天水市秦安县拔湾小学开展暑期支教活动。在支教学校与学生们相处的过程中，让肖洪颇有感触，他感受着山区孩子的淳朴，也忧心于封闭环境下孩子们的成长问题。肖洪用实际行动展现了青年学子的社会责任感和爱心，他说，支教活动时间不长，但至少可以给山区的孩子带去外面世界的精彩，在他们的心中播下梦想的种子。

秉持“三争”精神，不断锤炼地质科研人吃苦耐劳的专业素质

野外地质考察与实验室分析有机结合，才能真实准确地认识地质现象，解决实际地质问题。进行野外地质考察和取样时，在茫茫的戈壁、在荆棘遍布的山里行进几个小时都是正常现象，偶尔的偏差会让野外考察人员一天拿不到给养，内心焦急、脚上起水泡、身上被划伤也是常事。野外地质考察的辛苦让一些同学心存畏惧，但肖洪表示，吃苦耐劳是地质科研人应该具备的专业素质，野外实习工作是专业必备的素养，要有“以地为床，以天为盖”的生活工作心态，困难面前要坚强，问题面前要冷静，所有工作要认真。

审稿人：毕少琛

信念蕴育能量　奉献成就辉煌

——记首都大学、中职院校“先锋杯”优秀基层团干部郭铮

郭铮，男，中共党员，汉族，山东东营人，1992 年 5 月出生，硕士研究生学历，曾任中国石油大学(北京)地球科学学院兼职辅导员、地学院本 14 级先锋党支部书记。曾获首都“先锋杯”优秀基层团干部、首都大学生暑期社会实践先进工作者、中国石油大学(北京)2015—2017 年度优秀学生党务工作者、地学院优秀辅导员等荣誉称号。自入校以来，始终奋战在团学工作一线，工作踏实，学习认真，在思想引领、实践服务等方面成绩卓越。

郭铮作为一名基层学生党务工作者出色地完成了各项党务工作，赢得了领导、同志们的一致好评。

打铁还需自身硬，细微之处见大义

在校期间，郭铮注重个人专业水平与科研能力的培养，曾获得市级及以上学科竞赛奖励 9 项，连续 5 年被评为中国石油大学(北京)科技创新先进个人。作为一名基层学生党务干部，郭铮始终坚持个人思想觉悟与专业水平同步提升，严以律己，处处体现先锋模范作用。始终坚持理论学习与实践活动相结合，全方位促进个人思想觉悟提升。通过狠抓“三会一课”与志愿服务活动提升支部活动质量。

自 2011 年 11 月加入党组织以来，郭铮努力学习，团结同学，勤奋工作，积极向上，深入学习中国特色社会主义理论体系，拥护并积极宣传党的各项方针和政策，积极发挥党员先锋模范作用。2012 年 11 月—2014 年 6 月，他担任地学院地质工程 10 级第一党支部宣传委员，结合专业特色，把握学生党员兴趣，积极开展多种形式的学习活动与实践活动，如“学习党情党史、传承

红色文化”系列活动、红色影视剧配音大赛活动、赴昌平天通苑社区开展“北京精神”宣讲活动、赴昌平天通苑第五社区天童幼儿园开展基层服务活动等。2015 年 9 月—2016 年 11 月，他担任地学院本 14 级、15 级联合党支部宣传委员，认真履行工作职责，带领支部成员扎实学习党章党规，系统回顾系列讲话，集合支部管理与实践工作实际经验，提出“三创六措”工作模式，将理论学习、实践活动、宣传工作有机结合，创新理论学习形式、创新支部活动载体、创新理论宣传方式，并以此为核心组织支部开展了英国议会制时政辩论赛、党员宿舍工程、野外组织生活会等一系列实践活动提升支部成员综合素质，增强支部成员责任意识与服务意识，加强支部成员理论结合实践能力，实现理论学习科学化、实践活动优质化。2016 年 12 月，郭铮担任地学院本 14 级先锋党支部书记，重点打造青年马克思宣讲团与“111 工程”系列活动。地学院本 14 级先锋党支部与南口镇中心小学达成长期支教开展马克思主义知识宣讲，赴石大附小开展世界节水日节水环境主题教育宣讲，受益人数达 400 余人。

硕果盈枝满庭芳，梅花香自苦寒来

郭铮在五年的学生党务工作中踏实肯干，任劳任怨，在基层学生支部建设与学院党务工作方面均取得卓越成绩。

打造“三创六措”工作模式，推动“两学一做”教育深入。在“两学一做”学习教育过程中，他结合支部管理与实践工作经验，作为主创作人提出“三创六措”工作模式。“三创”即创新理论学习形式、创新支部建设方法、创新理论宣传方法。“六措”即夯实党员理论基础，创新组织生活形式；党团社团有效联合，丰富党建工作形式；打造两微一端阵地，积极发挥平台优势；师生携手凝聚力量，理论技能全面提升；密切联系兄弟支部，促进相互思维碰撞；共建支部深入合作，互帮互助共促发展。通过系统践行“三创六措”工作模式，着力开展理论学习、支部建设、理论宣传三位一体的学习实践体系，在“两学一做”学习教育活动中以新颖方式切实提升基层支部成员的学习动力与学习能力；通过支部社团联合方式增强基层组织自身活力；通过“两微一端”新媒体阵地掀起广大党员学习浪潮；通过“师生共促”途径开展思想引领；结合专业特色举办实践活动，取得良好的教育效果与学习成效。最终，地学院本 14 级、15 级联合党支部“三创六措”工作案例获评全国高校“两学一做”支部风采展示活动特色作品（全国仅25件）。

打造专业特色文化，建立学院党员教育平台。2015年6月，郭铮作为主要实施者与策划参与者完成中国石油大学（北京）第一个院级党建室——地学院党建室的建设。在地学院党建室的建设过程中，郭铮与团队成员紧密结合专业特色文化，提出了党建工作的罗盘工程、放大镜工程、地质锤工程及草帽工程等“四大工程”，即发挥“罗盘”的指引作用，堂堂正正地讲马克思主义，培养青年马克思者；发挥“地质锤”的锻造作用，打造优秀的学生党建队伍；发挥“放大镜”的聚焦作用，发现每一个学生党员的优势和特长；发挥“草帽”的遮风避雨作用，呵护每一名入党积极分子的成长梦想。四大工程用地质人喜闻乐见的形式鲜活地展现了地学院党建工作的特色，迅速拉近了与学生的距离，提高了党建工作的吸引力。同时注重通过党建室反映党建成效，将“服务本领强，学习能力优、党员素质高、社会评价高”的战斗堡垒型支部展示出来；将立德树人、潜心科学、关爱学生成长的有理想信念、有道德情操、有扎实学识、有仁爱之心的“四有教师”挖掘出来；将在志愿服务、科技创新、社会实践、社团管理等方面具有突出表现，且在学生中具有广泛号召力和较强影响力的学生党员发掘出来构建党员教育平台。

郭铮主持第二届全国油气地质大赛

作为重要的党员教育平台，地学院党建室投入使用以来已接待参观者逾千人，完成党员相关活动数十件，作为地学院党员教育基地与“111”工程重点思想政治教育基地服务于全校教工、学生党员。

坚持“党建带团建”，党团支部共同进步。作为一名基层学生党务工作者的同时，郭铮同时也担任地学院本14级辅导员一职。郭铮始终坚持“以党建带团建，以团建促班建”，深入开展创先争优活动，针对性开展党员意识教育，积极创新支部活动载体，勇于开辟新媒体宣传阵地，力争做到各级组织共同进步。自2015年以来，郭铮所带党支部及其下辖团支部、班委会取得优异成绩，共获得校级集体荣誉 7 项、北京市级集体荣誉称号 3 项、国家级集体荣誉称号 2 项。

郭铮主持地学院本 14 级、15 级联合党支部组织生活

与此同时，郭铮积极思考，勇于创新，助力支部成员成长成才。所带支部成员共获得校级及以上学科竞赛奖项 90 余项，文体竞赛奖项 20 余项，科技创新立项 21 项。支部下辖班级成员实现“入党申请 100%”，“连续两年零学业警示劝告”。

郭铮在实际工作中，努力实践全心全意为人民服务的宗旨，注意以自己的言行树立党务工作者的良好形象，认真负责，兢兢业业，乐于奉献，团结同志，作风正派，在各项工作中发挥了共产党员的先锋模范作用。

审稿人：刘一琳

不忘初心担使命 砥砺奋斗创新篇

——记首都大学、中职院校“先锋杯”优秀基层团干部牟琪琪

牟琪琪，女，汉族，1993 年 5 月出生，河南滑县人，2012 年 6 月加入中国共产党。2012 年 9 月就读于中国石油大学(北京)地学院地质工程专业，于 2016 年推免攻读本校地质资源与地质工程专业硕士研究生，并担任 2016 级兼职辅导员和地学院学生会指导老师。曾任中国石油大学(北京)地学院本 12 级、13 级联合党支部书记、校国旗仪仗队副队长。先后荣获北京市先锋杯优秀基层团干部、校优秀辅导员等荣誉称号。

初心·对中国共产党的信仰

“我长大了也要成为一名共产党员!”这是幼时的牟琪琪曾坚定地说出口并根植于内心的一句话。爷爷奶奶是党员，爸爸妈妈是党员，长大后成为一名共产党员在她心中是理所当然的事。而她当年所认为的“理所当然”实则为自幼对中国共产党的信仰，这一看似的“理所当然”更奠定了她自小对自己严格的要求。终于，她如愿带着预备党员的身份进入大学校门，继续追寻着她的初心。

加入国旗仪仗队是对她在大学对信仰的初次追寻。成为一名国旗手在牟琪琪看来是无上光荣的一件事，这是在以自己所能来护卫着国家、护卫着党。牺牲休息和吃饭的时间、伴随着汗水和酸痛，一次次训练也同样是一场场考验，看似简单，能够从一而终并高质量地坚持下来着实不易。信仰的力量就这么支撑着牟琪琪圆满地完成每一次升旗和训练任务，并承担起国旗仪仗队副队长的责任。在此期间，牟琪琪与其他队长一起开创了昌平高校国旗仪仗队在石大汇演活动，并成功带领国旗仪仗队获得校十佳社团、十佳活动和北

京市高校国旗仪仗队比赛二等奖。

牟琪琪面对学生开展党的十九大精神宣讲

初入大学，牟琪琪主动参加高年级组织的党支部活动，骑行前往南邵镇进行红色“1+1”共建活动。随着12级党员队伍的不断壮大，牟琪琪过硬的政治性和党性使其荣任地学院本12级、13级联合党支部书记。她秉承“实践是检验真理的唯一标准”，在理论学习的基础上，组织带领支部成员参加各种形式的支部活动，如智光学校志愿服务活动、雪绒花儿童活动中心志愿服务、“地球日”演讲比赛等。与昌平创新园社区共同举办的“环保兑换”社区服务红色“1+1”共建活动还受到“昌平报”和昌平电视台的报道。作为一个新成立的党支部，在2014年学校优秀党支部评选中荣获“三等奖”。

十九大胜利闭幕后，牟琪琪积极响应号召，学习领悟十九大会议精神和习总书记系列讲话精神，成为中国石油大学(北京)十九大精神学生宣讲团成员，将对马克思主义的信仰、对中国特色社会主义的信念与对中华民族伟大复兴中国梦的信心讲于更多人听。

使命·以“立德树人”为己任

正是对中国共产党的坚定信仰，对党的事业的不懈追求，使得牟琪琪对自己今后的道路有着明确的方向：成为坚持战斗在服务育人一线、以立德树人为己任的兼职辅导员。牟琪琪一直把政治强、业务精、纪律严、作风正作为自己的工作指南，对自己负责的各项工作均高标准、严要求，努力做学生的人生导师和知心朋友。

走上辅导员岗位的那一刻起，牟琪琪迅速转变角色，担任研16级学生的辅导员，指导院学生会工作。在日常学生事务工作中，牟琪琪一丝不苟、及时高效地处理各项问题，学生奖助贷环节从未出现一例问题。牟琪琪常告诫自己，做学生工作一定要深入学生宿舍、到学生中去。学生打趣道：“牟导，你是来男生宿舍次数最多的女生了，我们每周都能看到你”。也正是因为常去学生宿舍转转，避免了多名学生落入“临时工”的“陷阱”，指导所带硕士生实现了就业率100%。

为了更好地实现价值引领，牟琪琪与学院同事一同开创了“琪琪讲故事”栏目，以学生喜闻乐见的小视频形式讲述时事热点与学校工作，以网络为载体，实现理想信念领航，被校领导立为石油大学宣传思想工作的标杆，她也凭借着“琪琪讲故事”成了“石大网红”。为了能更好地进行班级管理，牟琪琪进行“党团班一体化建设”，带出三个校“十佳研究生集体”和一个校“先锋团支部”；在学院党支部考核中，所带支部揽获前三名。

在学院连续四年组织承办的全国油气地质大赛中，牟琪琪发扬吃苦耐劳、勇于承担的精神，出色地完成了大赛的主持、会务等工作，表现出极强的组织协调能力、临场应变能力。尤其是第四届，为支持学院大赛工作，作为毕业生的牟琪琪在闭幕式当天放弃了与闭幕式时间完全冲突的某单位笔试，留在大赛现场，为大家呈现了一场精彩的闭幕式。在个人利益和集体利益有冲突的时候，她毅然选择集体，体现出极强的责任心和奉献精神。

牟琪琪主动成为防疫志愿者加入社区防疫工作

在学生眼中，牟导是可亲可敬的；在同事眼中，琪琪是热心可靠的。在践行“立德树人”的过程中，牟琪琪获得“北京市先锋杯优秀基层团干部”，并在2018—2019年度辅导员考核中获得研究生毕业班辅导员第一名，这是对她最好的激励，也赋予了她更光荣的使命。

奋斗·德才兼备新青年

新时代的青年应该又红又专、德才兼备、全面发展，提高自己的综合素质和审美情趣。牟琪琪不仅党性强、政治过硬，还始终秉持“德才兼备”的指导思想，注重综合素质全面发展。其学习成绩优秀，科研能力较强，曾赴瑞典哥德堡参加第二十九届国际有机地球化学会议(IMOG)做展板汇报。从事辅导员工作以来，共成功申报三项校级思政课题，公开发表文章多篇。加强理论与实践研究，获得中国石油大学(北京)就业征文三等奖、学工论坛三等奖、网络教育优秀作品优秀奖等。

牟琪琪喜欢主持和朗诵，在中国石油大学 65 周年校庆晚会担任主持人，并代表学校出镜人民网直播栏目“打卡我的大学”——中国石油大学(北京)，为学校招生宣传工作添砖加瓦。在 2019 年教育部关心下一代工作委员会组织的“读懂中国”活动中，其与同事一同采访岩相古地理学研究大师冯增昭老师创作的《一息尚存，此志不渝》获得最佳微视频。她善于将党的理论宣传融入实践中去，曾获中国石油大学(北京)“践行核心价值观，争做时代先锋”演讲比赛第一名。以石油大学砥砺奋进为背景创作的朗诵作品《青春·追梦·石油人》获得第四届北京大学生艺术展演二等奖。

知行合一方能领悟真谛。牟琪琪在校期间共参加 7 项社会实践活动，其 2013 年组织的“中国石油大学(北京)地球科学学院赴中原油田社会实践”获得“首都高校社会实践优秀成果奖”，2017 年参加中国石油大学(北京)地球科学学院寒假回访母校社会实践获院系三等奖，2018 年参加的中国石油大学(北京)地球科学学院赴山西助力果农脱贫社会实践、寻梦延安重走初心之路社会实践均获得首都大中专学生暑期社会实践优秀团队。

在校期间，牟琪琪积极参加支教志愿活动、“善行者”“温暖衣冬”等志愿服务活动，并获得优秀志愿者称号。2020 年新冠疫情牵动着整个世界，作为一名党员，她响应习总书记给“90 后”党员回信中所说：“在为人们服务中茁壮成长、在艰苦奋斗中砥砺意志品质、在实践中增长工作本领，让青春在党和人民最需要的地方绽放绚丽之花”，在新冠肺炎防疫期间，牟琪琪发挥“一个党员就是一面旗帜”的精神，主动加入社区防疫志愿者的队伍，将小我融入大我，为防疫工作出力。

牟琪琪始终秉持着对中国共产党的初心和使命，怀着“立德树人”的使命，报着“德才兼备”砥砺奋斗的豪情壮志，满怀着对伟大祖国的热爱。她是千千万万青年党员中的一员，她用自己的行动，与千千万万党员一起，创造中国发展的崭新篇章，为实现中华民族伟大复兴的中国梦而奋斗！

审稿人：姚梦竹

坚定信念　干在实处　知行合一　全面发展

——记首都大学、中职院校“先锋杯”优秀基层团干部华盈鑫

华盈鑫，男，汉族，1995 年 10 月出生，吉林松原人，2015 年 10 月加入中国共产党。2013 年 9 月就读于中国石油大学(北京)地球科学学院地质工程专业并入选创新计划实验班，2017 年被推荐为优秀应届本科毕业生免试攻读中国石油大学(北京)地质学专业硕士学位研究生。曾任中国石油大学(北京)地球科学学院团委副书记(学生岗)、地质学研 17-1 团支部书记。先后获得北京市先锋杯优秀基层团干部、北京市优秀本科毕业生、校级优秀学生干部、校级优秀共产党员、校级三好学生、校级先进个人等各项荣誉 14 项，其中省部级奖项 2 项、校级荣誉 11 项、院级荣誉 1 项。累计获得全国大学生英语竞赛、北京大学生音乐节展演、首都大中专学生暑期社会实践优秀团队等各级各项学术竞赛、文艺特长、社会实践类奖励共 14 项，其中国家级奖项 5 项、省部级奖项 3 项、校级奖项 4 项、院级奖项 2 项。

坚定信念，两学一做，争当先锋模范

华盈鑫关心时政热点，热爱社会主义，拥护中国共产党的领导，认真学习贯彻习近平新时代中国特色社会主义思想和党的十九大精神，坚定“四个自信”，牢固树立“四个意识”，自觉做到“两个维护”。他积极参加学校、学院组织的党课、团课培训及所在党支部活动。2016 年 3 月，作为学生代表参加中国石油大学(北京)“两学一做”专题网络培训示范班学习并于同年 6 月顺利结业。2017 年 9 月参加地学院组织的青年马克思主义者培养工程“石英计划”团校培训。2017 年 10 月参加共青团中国石油大学(北京)委员会第 32 期团校培训班并于同年 12 月顺利结业。2017 年 12 月代表党支部参加学院举办的“我和习大大有个约——十九大，地质话”经典诵读和演讲比赛获得一等奖，并成

为中国石油大学(北京)地球科学学院“十九大”精神宣讲团成员。2018 年 3 月通过选拔成为中国石油大学(北京)青马工程骨干培训班学员。2018 年 10 月，他撰写的“传承红色基因——从延安精神到梁家河精神”荣获学校举办的“喜迎 65 周年校庆，争做校园好网民”网络文化作品征集活动三等奖。通过系列活动，华盈鑫同志更加坚定了对马克思主义的信仰、对中国特色社会主义的信念与对中华民族伟大复兴中国梦的信心。

身为地学院研 17 级沉积地质学第一党支部的一员，华盈鑫在每月定期召开的党员民主生活会议上都会结合自身经历进行材料学习并在会上发表学习见解，积极协助党支部书记进行材料整理并负责微信平台推送工作。2018 年寒假期间，他前往黑龙江大庆市参观大庆铁人王进喜纪念馆，就新时代的大庆精神、铁人精神与党支部成员进行线上讨论，协助党支部在 2018 年中国石油大学(北京)党员先锋工程实践活动中获优秀主题实践活动奖。

华盈鑫向支部成员宣讲两会内容

干在实处，创新争优，工作务实负责

华盈鑫任中国石油大学(北京)地球科学学院地质学研 17-1 团支部书记期间，细心认真对待每项团学工作，提升过硬的业务本领；积极面对上级布置的活动要求，精心筹谋策划，突出活动重点，高质量完成任务；在带领支部进行理论学习时，首先自己弄通文件精神内涵，提炼精华部分并制作多媒体及推送，通过多种方式带领大家学习；围绕“近、新、准、深”四要素创新性建立了“以赛促学”体系，将理论拉近现实灵活学、创新形式鼓励学、有的放矢重点学、由浅入深诱导学。收集整理习总书记系列讲话 48 篇，构建知识竞赛题库 20 余套，并带领支部荣获 2017—2018 学年度中国石油大学(北京)红旗团支部荣誉称号，协助班长带领地学院研 17-1 班获评中国石油大学 2018 年研究生十佳集体。

在团学工作中，他始终将党、团支部有机结合，搭建党—团—青年的互通桥。在举办团日活动的过程中，积极发挥自身团支部书记与党员的双重身份，践行“党建带团建”的支部建设思路，与地学院研17级沉积地质学第一党支部结合互动，在党支部的指导下进行理论学习PPT的制作；为提升“推优质量”，邀请党支部书记、辅导员前来参加支部举办的推优大会，并全程进行监督指导。在其他形式的活动中，他积极带领团支部向党支部靠拢，一同进行野外地质实习、博物馆参观、支教、故事分享会、红歌会、线上从严治学等活动。

华盈鑫任中国石油大学(北京)地球科学学院学生团委副书记期间，排名第三完成了2018年度首都大学生思想政治教育专项课题——网络文化背景下“网红”品牌辅导员培育研究与实践；担任“网红”思政工作室“琪琪讲故事”技术总监，推出11期视频、总时长90分钟、浏览量近4万次。协助组织学院各团支部开展主题教育活动并主笔撰写活动总结，策划地学院“信仰之声”青年晚会，负责共青团中国石油大学(北京)地球科学学院第二次代表大会文字材料整理工作，引导学院老校友参加中国石油大学(北京)65周年校庆地学院离退休老校友座谈会，作为学院代表参加共青团中国石油大学(北京)第十七次代表大会。

华盈鑫于2017—2018年任AAPG学生分会学术部副部长，主要承担社团文化及档案建设工作，负责第一届全国油气地质大赛校内选拔赛及全国总决赛的前期准备、现场调度服务等工作，组织第二届全国油气地质大赛油气地质技能大赛综合组现场答辩；于2015—2016年任中国石油大学(北京)地球科学学院社团联合会秘书长，与其他主席共同精简重组社联部门分工与职能，编写工作手册，创新普通地质大赛、地质技能竞赛等学科竞赛形式，参与学生逾500人次。在以上学生工作任职期间，华盈鑫严格要求自己，以身作则，以高标准高水平为目标，尽全力完成各项工作，全心全意为同学服务。

奋勇拼搏，全面发展，锤炼真才实学

华盈鑫始终将学习放在大学生活的首要位置，力争打好专业知识基础以谋求创新。本科期间辅修英语专业双学位，通过了英语专业四级与八级考试，并于2018年获得了全国翻译专业资格(水平)三级笔译证书。研究生学习期间专业综合测评排名1/53、3/49，连续三年获得硕士研究生学业一等奖学金。

在科研方面，华盈鑫协助项目团队完成了“塔里木盆地白云岩优质储层发育模式及其分布规律”“川中大安寨段致密油储层沉积特征及有利开发区分布”两项科研项目，以课题负责人身份主力承担“乾安油田老区精细油藏描述研究”课题。曾获第四届全国大学生地质技能竞赛“野外地质技能竞赛”优胜奖、第四届中国石油大学地质技能竞赛团体二等奖及优秀个人三等奖；全国大学生英语竞赛研究生组国家级二等奖、三等奖；全国计算机等级考试 MS Office 二级合格证书、普通话水平测试一级乙等等级证书。

知行合一，躬身实践，担当时代责任

华盈鑫具备较强的社会责任感与服务意识，积极参加学校、学院举办的社会实践活动。2018 年，他作为领队负责的“寻梦延安，重走初心之路”暑期社会实践团入选由团中央学校部、中共延安市委、延安市人民政府联合组织开展的 2018 年“追寻青春足迹 · 红色筑梦之旅”全国大学生延安实践专项行动百强团队，获评“2018 年首都大中专学生暑期社会实践优秀团队”。在延安革命纪念馆，带领实践团队通过采访讲解员、采访游客、进行问卷调研的方式，分析延安红色旅游的现状，得出延安红色旅游调查报告。2017 年参加中国石油大学(北京)地球科学学院寒假回访母校社会实践获院系一等奖；2016 年参加中国石油大学(北京)地球科学学院赴京郊社区暑期社会实践荣获“2016 年首都大中专学生暑期社会实践优秀成果”。

华盈鑫参观黑龙江镜泊湖国家地质公园

华盈鑫积极参加志愿服务活动，2016 年成为第一届全国油气地质大赛志愿者，2017 年获评第十七届中国国际石油石化技术装备展览会优秀志愿者，2017 年 11 月参加 2017 秋季 · 北京国际长走大会志愿服务工作，2018 年成为中国体育彩票 2018 大学生校园铁人三项赛总决赛首都高等学校第七届校园铁人三项赛志愿者。

华盈鑫始终坚定信念、两学一做、争当先锋模范；干在实处、创新争优、工作务实负责；奋勇拼搏、全面发展、锤炼真才实学；知行合一、躬身实践、担当时代责任。虽然未来的道路还充满未知，但相信“厚积薄发，开物成务”的校训会鼓励他扬长避短，化成绩和荣誉为动力，继续脚踏实地、奋勇拼搏，知行合一、全面发展，全面提升个人综合素质，扎扎实实努力奋斗，实现自己的人生价值。

审稿人：高思航

坚定信仰守初心　服务国家担使命

——记北京市先锋杯优秀共青团员隆辉

隆辉，男，汉族，重庆人，1998 年 2 月出生，2018 年 5 月加入中国共产党，2012—2016 年在中国石油大学(北京)就读本科，2019 年入选中国石油大学(北京)“本博一体化”项目培养，现为地质资源与地质工程专业博士。现任中国石油大学(北京)地学院油气田开发地质系研 20 级第一党支部党支部副书记，曾任中国石油大学(北京)地学院(本)第一党支部书记、资勘 16-1 班团支部书记。在校期间先后荣获北京市先锋杯优秀团员、教育部暑期社会实践优秀通讯员、校级优秀学生干部、校级三好学生等各项荣誉称号。累计获得中国石油大学(北京)地质技能竞赛、第九届电子商务“创新、创意及创业”挑战赛、首都大中专学生暑期社会实践优秀团队、中国石油大学(北京)春季运动会等各级各项学术竞赛、创新创业、社会实践、体育运动类奖励共 11 项，其中省部级奖项 2 项、校级奖项 9 项。

红岩为魂，让信仰萌芽

隆辉出生于重庆，这样一座英雄的城市。从小听着小萝卜头、江姐的故事长大。嘉陵江畔，英勇的革命烈士用热血与生命，与反动势力作斗争，争取到民族的独立和人民的解放。耳濡目染下，带给了他对英雄和信仰最初的印象。歌乐山上，白公馆里，杰出的共产党人以崇高的思想境界、坚定的理想信念、巨大的人格力量和浩然的革命正气激励着这片土地上的人们奋发向上、开拓进取。他们共产主义的信仰也深深的融入进了他的血脉之中。在先辈的感召下，他认真学习领会习近平新时代中国特色社会主义思想，大一一入学就向党组织递交了入党申请书并成为年级第一批正式党员。他坚持“思想走在行动”的前面，积极进行理论学习，用党的先进思想武装头脑。听党话，跟党走，紧密团结在以习近平同志为核心的党中央周围，并时刻以党员的要求严格要求自己。他积极参加学校、学院组织的党课、团课培训及所在党支部组织活动，提升自己的思想高度。2017 年 3 月至 2017 年 4 月参加中共中国石油大学(北京)委员会党校举办的入党积极分子集中培训班学习并顺利结业。2018 年 9 月参加地学院组织的青年马克思主义者培养工程“石英计划”团校培训。2018 年 3 月参加中共中国石油大学(北京)委员会党校的发展对象集中培训学习，并顺利结业。通过培养教育，隆辉进一步明确了党的性质和宗旨，更加坚定了马克思主义信仰，更加坚信中国特色社会主义必然成功。

学生工作，让责任生根

隆辉现任中国石油大学(北京)地学院油气田开发地质系研 20 级第一党支部党支部副书记，曾任中国石油大学(北京)地学院(本)第一党支部书记、中国石油大学(北京)地球科学学院资勘 16-1 班团支部书记。党团工作一肩挑的他，感受最多的就是大家的信任和背负的责任。4 年的团支书，让他养成了时刻关注国家大事、时事政治、校园新闻的习惯，时常在班级群里分享新理论、新思想，带头学习总书记的讲话精神以及重要会议的精神，他也成为了同学们眼里的“又红又专”。他工作中严谨细致，认真对待每次团日活动，积极向辅导员或党员干部请教或者与其他团支书交流工作经验，努力提升业务水平。面对校团委、院团委安排的活动，精心筹划，把握要点，高质量的完成各项工作；进行理论学习时，也号召团员干部“多走一步”，把理论学在前面，把工作做在前面。带领支部支委提前自学，掌握精神内涵，而后通过不同的学习形式，带领支部成员深刻学习先进理论和领会先进精神。他倡导摆脱枯燥的“三学”理论学习模式，引导支部成员结合生活经验学、配合典型案例学、运用不同形式学，让理论学习不再成为青年团员的负担。同时积极创新团日活动形式，改变照本宣科的现状。他带领团支部多次参与学校的优秀团日活动评选，为团日活动开展贡献了新的思路。协助班长带领地学院资勘 16-1 班成功荣获中国石油大学(北京)2017 年优秀班集体，带领宿舍荣获 2017 年中国石油大学(北京)校级文明宿舍，2018 年北京市优秀宿舍。

2019 年 5 月转正成为正式党员以后，经过投票选举，他成为了中国石油大学(北京)地学院(本)第一党支部的支部书记。这让他肩头的责任又重了一分，为了把党支部工作干好，隆辉同志积极请教自己以前的党支部书记和入党联系人，了解党支部工作要点。同时为了熟悉支部工作，把支部工作业务手册打印出来放在书桌最显眼的位置，有事没事拿出来温习一遍，对于重点的党员发展流程更是在白纸上默写了一遍又一遍。他知道发展党员是党支部工作的基础性工作，也是其他工作的基础，只有把发展党员工作做好，把要求入党的积极分子教育好和培养好，才能为党组织源源不断的输送新鲜血液，这样我们的党才能永葆青春和活力。隆辉也利用自己当团支书的优势，把党支部工作与团支部工作有机地结合起来，践行“党建带团建”的支部建设思路。让党员与团员更近，让党员与群众更近，切实履行好党支部密切联系群众的义务。在工作中充分发挥党员和群众的积极性、创造性，鼓励他们在支部建设中贡献自己的聪明才智，同时了解群众对党员、党的工作的意见和建议，及时修正更好地服务于群众。

隆辉于2016—2018年任中国石油大学(北京)校友联络会部委和部长一职，主要承担社团活动的策划及宣传工作，负责2017年校史校情对抗赛初赛的前期准备、现场调度等服务工作；2017年参与新生指南的编辑和撰写工作并随录取通知书邮寄给2017级全体石大学子；策划并组织了2017年毕业季留言活动，收到留言250余条，参与人数500人次。2017年策划并组织了首届“校友返校日”活动，参与校友逾300人次，涉及6大院系，近15个专业。现已成为石大校友联络会的品牌活动。两年来累计接待校友超3000人次，并代表学校参与首届北京高校校友志愿者协会交流会。2018年参与筹划地学院校友联络会建设，搭建地学院校友联络会基础班子，成功接待学院返校校友200人次，为石大65周年校庆贡献了自己的力量。

勇攀书山，让梦想开花

作为一名大学生，隆辉始终将学习放在大学生活的首要位置。努力做好学生的本职工作。他认为只有端正学习态度，勤奋认真地把专业知识学好，才能践行我为祖国献石油的理想，才能为祖国建设付出自己的一份力。大学四年，专业成绩名列前茅，三年综合测评均保持年级前5名，获得国家奖学金等奖励。课堂学习之余，积极参与学科竞赛。在2018年第八届和2019年第九届中国石油大学(北京)大地构造学知识竞赛均获得二等奖，2018年在第五届全国大学生地质技能大赛中国石油大学(北京)校内选拔赛中获三等奖，

2019 年 9 月获得保研资格。他主动参与科学研究，大二自主申报北京市级科技创新项目，研究蟒山逆冲推覆构造及其构造物理模拟实验，顺利结题并在学术评比中荣获二等奖。大三参与学院“科研零距离”活动，加入曾溅辉老师课题组，2019 年参与“中国石油集团科学技术研究院有限公司天然气聚集效率模拟实验项目”。

投身志愿，让奉献结果

隆辉响应“青年服务国家”的号召，积极投身志愿服务和社会实践中，运用自身所学，为人民群众服务。参与 2018 年 9 月建校 65 周年志愿服务工作，2017 年北京马拉松，2017 年和 2018 年中国石油大学（北京）自主招生，2018 年毕业生夜跑，2018 年大学生校园铁人三项赛总决赛，2018 年为爱走一路团队公益践行赛等志愿活动中，累计参与志愿活动 20 余次，服务时长 100 小时以上，并多次被评为优秀志愿者。

赴四川大凉山参与支教扶贫社会实践

2018 年，他作为学生骨干参与的“圆梦大凉山”赴四川省凉山彝族自治州社会实践团入选由团中央、中共北京市委宣传部、北京市教育委员会组织开展的 2018 年首都大中专学生暑期社会实践北京市百强团队，并荣获 2018 年首都大中专学生暑期社会实践百强团队二等奖。个人获得北京市暑期社会实践优秀通讯员。在暑假中深入大凉山区，带领团队成员，通过走访当地居民、进行问卷调研、贫困学生家访等方式，了解当地的贫困情况；采用“趣味小课堂”方式宣传禁毒防艾知识；运用野外地质踏勘，分析当地地质构造，预防地质灾害。2017 年和 2018 年参与中国石油大学（北京）“不忘初心，情满石大”寒假回访母校社会实践活动，回访高中母校，宣传石大招生政策，获得校级三等奖。2018 年申请成为学生资助宣传大使，带领团队前往贫困地区，为寒门子弟带去资助政策，帮助贫困学生申请助学贷款，该项目获评校级三等奖。2018年参与“乡村振兴、青年作为”暑期社会实践活动，前往昌平燕子口村了解村庄发展状况，调研发展问题，并形成调研报告。经过不懈努力，获得2019年社会实践先进个人。

隆辉全家人与前来家访的辅导员合影留念

在四年的大学生活中，隆辉对党忠诚、甘于奉献，努力践行全心全意为人民服务的宗旨，并向着成为一名优秀的共产党员执着努力。作为党员干部，他坚决维护党的纪律，履行党员的义务，带头发扬党员先锋模范作用。刻苦学习，踏实工作。把“青年服务国家”的理想落在行动上。脚踏实地、艰苦奋斗，实现自己的人生价值。

审稿人：姚梦竹

青春奋斗心向党，不止不息实践路

——记孙越崎优秀学生奖获得者吴淳

吴淳，女，汉族，1999年8月出生，江苏泰州人，中共党员，2019年5月加入中国共产党，现于中国石油大学(北京)资源勘查工程就读本科。中国石油大学(北京)地球科学学院资源勘查工程2017级学生，保送至北京大学地球与空间科学学院攻读博士学位。担任资源勘查工程17级创新班班长、地学院本第三党支部宣传委员、院学生会文艺部部长。吴淳连续三年获得国家奖学金，先后荣获孙越崎优秀学生奖、北京市三好学生、第十七届中国石油大学校长奖、校优秀学生干部等荣誉称号。共获得全国大学生英语竞赛、“华教杯”全国大学生数学竞赛、“认证杯”数学建模竞赛、校地质技能竞赛、校普通地质学基础知识竞赛等各级各项奖励共24项，其中国家级奖项6项、省部级奖项9项。

思想-实践的引领者

理想是灯，信念是帆。吴淳在刚入校时向组织递交了入党申请书，并成为年级第一批入党积极分子。在成为正式党员后，担任地学院本第三党支部宣传委员，致力于将党的先进思想与地学精神相结合，为身边同学服务。

2017年9月，吴淳竞选成为团支部宣传委员，2018年3月开始担任班长，积极组织开展各项活动，以服务同学为指向，在妙趣横生的活动中提高班级凝聚力，带领班级在班集体评比中连续两年获评中国石油大学(北京)“十佳示范班集体”，个人多次获评“优秀学生干部”“优秀团员”等荣誉，在思想上和行动上笃信践行。

疫情期间，吴淳定期开展班会，了解同学们的思想动态并组织同学们拍摄抗疫加油视频，带领班级同学为抗击疫情做出了贡献、共克时艰。

学习-实践的奠基者

吴淳作为新生代表在地学院开学典礼上发言，在地学院新生考核评比中获得“超新星”称号。入学以来，她坚持以学习知识为己任，在学习方面严格要求自己，勤学好问，坚持不懈。大一通过全国大学生英语四六级考试，连续三年成绩排名创新班第一，综合测评排名创新班第一，优良率98.04%，连续三年获国家奖学金。同时，她积极参加学科竞赛，获国家级奖项6项、市级奖项9项，校级奖项9项。凭借优异表现，获评孙越崎优秀学生奖、北京市三好学生、中国石油大学校长奖等13项荣誉称号。

吴淳在企业奖学金颁奖仪式上领奖

除此之外，她深入科研领域，负责一项北京市科技创新项目，获评校一等奖。同时，积极申报“科研零距离”活动，参与完成SCI论文一篇，获评校科技创新先进个人。学习的沉淀，知识的积累，奠定了实践的理论基础。

服务-实践的力行者

吴淳在服务国家、服务社会的过程中，努力成为实践的力行者。2017年寒假，吴淳前往高中母校江苏省靖江高级中学进行宣讲，在深入了解石大历史及优势学科的基础上，传承发扬“厚积薄发，开物成务”的石大精神，宣讲场次4场，覆盖人数600人。

怀着“读万卷书，行万里路”的信念，2018年暑期，吴淳紧跟老师步伐，将理论知识运用到专业实习之中，在优秀实习生评比中获二等奖。实习结束后，她前往四川省西昌市凉山彝族自治州，以“圆梦大凉山，绘梦教育行”为实践主题，为当地经济困难的孩子们带去募捐物资，将理论知识运用到支教中，将专业知识运用到地质考察中。同时，她发放问卷实地走访调研，作为主要参与人制作爱心墙，为孩子们带去光和热，将“学”融合于“做”，身体力行传承铁人精神，助力实现脱贫攻坚。项目被中国青年网、中国大学生在线等平台多次报道，获 2018 年首都大中专学生暑期社会实践二等奖和中国大学生在线暑期社会实践最具人气作品。实践结束后，吴淳立即赶往江苏省江阴市，作为组长带领班内五名来自全国各地的组员在“天下第一村”华西村实地调研，策划实践方案，实地体验具有中国特色、华西特色的社会主义致富之路，组织团队成员分工实现问卷推送采访一体化，旨在对该当地经济发展现状进行调研，实践团入选校社会实践重点团队。

2019 年暑期，吴淳前往辽宁省兴城市吉林大学联合实习基地实习，作为分队长组织全队学习生活，为同学们顺利完成实习保驾护航。实习后，她心中始终不忘“圆梦”初心，经历过大凉山社会实践后，她更清晰地认识到尽己之能帮助他人的意义，前往宁夏回族自治区开展与中国石油宁夏石化公司的联合社会实践，支教福利院，资助家访贫困家庭，感知贺兰山地质环境的风貌，项目获评首都大中专学生暑期社会实践优秀团队。

吴淳为大凉山米尔小学学生赠送物资

2020 年暑期，吴淳在疫情期间参与“圆梦桑梓担使命”社会实践团，牢牢贯彻“实践-感性认识-理性认识-实践”螺旋上升式的实践模式，从社会、学校、家庭三个层次开展全方位、深层次的社会调查，并以推送的方式实时宣传实践成果。她深入挖掘新时代脱贫转型时期学生的需求和特点，联合山东体育基地创建“Keep Moving”体育实践平台，累计受益人数 500 人以上。

在平时生活中，吴淳积极参与志愿服务活动，志愿北京累计时长 185.5 小时，包括服务北京马拉松、全国大学生铁人三项赛等多项活动。在疫情期间，她带领班级与蒲公英青协开展合作，线上参与共建绿色森林等环保活动，活动获得北京市生态环境局资助，入选 2020 年首都高校环境文化季。线下，吴淳主动前往敬老院陪伴老人，在社区门口帮助测量体温。“赠人玫瑰，手有余香”，吴淳以热心、爱心和奉献，传承着志愿者的精神，让爱如阳光洒满角落。

“路漫漫其修远兮，吾将上下而求索”，吴淳将秉持不懈奋斗的理念，在思想上严于律己，在学习上勤奋刻苦，在生活中乐于奉献，追逐榜样，学习榜样，成为榜样。她将乘长风破万里浪，将蓬勃青春化为光与热，书写新时代青年的奋斗篇章。

审稿人：杨晟颢

“石榴籽一家亲”做新时代少数民族青年

——记北京市三好学生阿比德·阿不拉

阿比德·阿不拉，女，维吾尔族，1996年11月出生于新疆天山脚下的一座石油小镇——准东石油基地，中国石油大学(北京)地球科学学院资源勘查工程专业2016级本科生。2017年9月—2018年9月担任班级团支部书记；2018年6月—2019年6月担任地学院第九届学生会副主席；2018年9月至今担任班级权益委员。先后荣获北京市三好学生、中国石油大学校长奖、校级优秀学生干部、校级优秀团员、校级三好学生、校级先进个人、优秀学生代表等各项荣誉12项，其中省部级1项、校级荣誉9项、院级荣誉2项。

民族团结，一心向党

阿比德·阿不拉一心向党，思想积极。曾主动参与“发声亮剑”的活动，回到新疆边陲小镇，在将近一百位群众面前进行表明政治立场的演讲，呼吁家乡群众，各族人民应该“像石榴籽一样抱在一起”，呼吁更多少数民族同学表明自己的政治立场，并在其普通话、汉语写作方面给予了指导。阿比德·阿不拉的家庭与家乡一个汉族家庭结为“对口亲属家庭”，共同交流，共话未来，尽显民族团结一家亲。同时，她深入家乡小学、中学，向师弟师妹们讲述国家政策，宣扬民族团结。

2016年，在刚入学时她就提交了入党申请书，希望早日加入中国共产党，成为一名优秀的共产党员。2017年，她积极竞选并担任班级团支书，在任职期间，向团员们积极传达党的思想，严格考察申请入党人员，带领团支部获得学院团日活动评比奖项。

因为各方面表现优秀，她被选为“优秀在校生代表”在2018年学校毕业典礼、2018 年学院开学典礼上发言，并且在第三学年被评为 2018 年北京市三好学生。2019 年 5 月，她在党组织的考核下成为了一名预备党员。

身体力行，立志于学

阿比德·阿不拉作为民族生一直以来严格要求自我，不仅在少数民族同学间成绩名列前茅，在学院也是保持在年级前列，多次获得校级二等奖学金、校级三等奖学金和校三好学生。在大学的第三学年获得了北京市三好学生和中国石油大学校长奖两项荣誉称号。

阿比德·阿不拉勤学苦练，刻苦钻研专业知识，入校以来深得各科任课老师的肯定，她曾两次作为实习团队学生代表参加“中国石油大学(北京)优秀实习团队”评比，并且两次协助学院成功获得“优秀实习团队”的荣誉。她曾以负责人身份承担“延庆天池古火山机构特征及其成因分析”科技创新项目，并在学院答辩环节取得了第三名的好成绩。除此之外，她课余时间积极参与竞赛，在大一便参与了学院组织的“第一届地学院大学生论坛”并获得一等奖。在大学的第四学年，凭借自己优异的成绩，她获得了免试保送本校研究生的资格。

服务同学，乐于奉献

曾经的她不敢在众人面前大声地讲普通话，但是经过大学三年参与学生工作的锻炼，阿比德·阿不拉已成长为能够带领上百人开展活动的领头羊。她积极参加学校、学院组织的党课培训、团课培训和学生干部培训。2017 年 9 月和 2018 年 9 月两次作为学生干部参加地学院组织的青年马克思主义者培养工程“石英计划”团校培训。2018 年 4 月至 2019 年 3 月参加中国石油大学(北京)青马工程骨干培训班并顺利结业。

阿比德·阿不拉作为“优秀在校生代表”在 2018 年学校毕业典礼发言

她在工作上一丝不苟，认真踏实，在担任团支部书记期间，定期在班级开展党团思想学习活动，积极开展团日活动，做好记录总结，并且在“青年大学习”系列活动中带领班级取得“二等奖”；在担任学生会副主席期间，做好本职工作，不假公济私，决不利用学生会的职权为班级谋利益，工作认真负责，用自己私人时间为全院同学服务，起到良好带头作用。她也因出色表现被评为校级优秀团员和优秀学生干部，在第三届全国油气地质大赛中被评为先进个人。

学有所成，回报社会

阿比德·阿不拉家庭经济状况相对困难，入学以来受到了学校及学院相关资助政策的帮扶，因此感恩于心。上大学以来，她积极主动在“志愿北京”里注册成为志愿者，且一直积极参与学校学院组织的各类志愿活动，走进农村、走进社区、走进小学、走进敬老院，“绿色小超人”环保课堂，“智光特殊学校”折纸课堂，“太阳村”等多次支教活动都有着阿比德· 阿不拉的身影。累计上课500余小时，已帮助学生近百人，孩子们都亲切的叫她“卷头发的小姐姐”。

阿比德·阿不拉走进小学参与志愿支教活动

阿比德·阿不拉热爱自己的母校，也热爱自己的家乡，利用暑假时间，赴克拉玛依多家油田单位寻找我校校友进行访谈，去到7个油田单位，寻访过8位校友，参观过4个石油文化基地，完成了“访校友，迎校庆”的社会实践活动，并取得“团队三等奖”和“先进个人”称号。

国家的招生优惠政策让她来到首都，走进石大，为她的梦想起航。青年有梦，则国之有梦，作为新时代的少数民族青年，阿比德·阿不拉秉持习总书记《在中央民族工作会议上的讲话》里所述：胡马依北风，越鸟巢南枝。从自身做起，立足民族团结，高标准严格要求自己，做时代德智体美劳全面发展的新青年。

审稿人：姚梦竹

恪守学生本分，做担得起使命的新时代大学生

——记北京市三好学生初勇志

初勇志，男，汉族，辽宁大连人，2000年8月出生，中国石油大学(北京)地球科学学院资源勘查工程专业2018级本科生。现任中国石油大学(北京)大学生艺术团主席、资源18-5创新班班长兼团支部副书记。

初勇志同志自2018年至今共获得北京市三好学生、“青年服务国家”首都大中专学生暑期社会实践先进个人、校优秀学生干部、校三好学生、校优秀青年志愿者、校优秀团员、校“助老服务”优秀个人等个人荣誉10项，带领团队获得北京高校“我的班级我的家”优秀班集体、北京市先进班集体、“青年服务国家”首都大中专学生暑期社会实践优秀团队、北京市“先锋杯”优秀基层团支部等团体荣誉8项。累计获得学科竞赛、创新创业、文化艺术、体育运动类奖项19项。

守好学生本分，综合全面发展

初勇志在校期间时刻牢记学生使命，在各方面严格要求自己，曾获北京市三好学生、“青年服务国家”首都大中专学生暑期社会实践先进个人、校优秀学生干部、校三好学生、校优秀青年志愿者、校优秀团员、校“助老服务”优秀个人等荣誉。

在学业上钻研学科知识，扎实专业本领，大二学年综合测评排名5/129，曾获校级一等、二等奖学金。积极参与科技创新，作为负责人立项《基于测井资料的烃源岩总有机碳含量人工智能预测》，第一作者发表一篇论文。参与各级各类学科竞赛，获得全国大学生英语竞赛国家级三等奖、第六届中国国际“互联网+”大学生创新创业大赛北京赛区三等奖、第三届华教杯全国大学生

数学竞赛决赛一等奖、第四届全国高校商务英语知识竞赛决赛二等奖、第三届普译奖全国大学生英语写作大赛二等奖、中国石油大学(北京)地质技能大赛三等奖、全国大学生计算机技能应用大赛初赛一等奖等15项奖项，其中国家级7项。高分一次通过英语四六级考试、计算机二级测试，普通话水平测试一级乙等。

在做好自身的同时，努力发挥在学生群体中的带头模范作用，在铁人塑像落成仪式、小团话团事、石英团校、新老生交流会等机会中分享所学所思。课余时间担任轻轻教育高中英语兼职教师、南华县线上支教团成员，运用所学增长本领、回报社会，通过自食其力践行努力拼搏。任教期间精心备课、用心讲解，轻轻教育学员提分率88.9%，累计授课时长300余小时，获得家长学生一致好评。

扎实学干作风，凝心服务同学

初勇志现任大学生艺术团正主席，主办或协办国家奖学金暨企业奖学金颁奖典礼、五四分享会、毕业生嘉年华、国庆中秋文艺展演等校内大型重要活动15次，包括晚会统筹策划、节目编排、审核监督、人员调配等工作。任职期间，带领大学生艺术团以丰富文艺演出形式提供优质艺术节目、积极参与各类艺术类比赛，助力校园文化建设，为学校争得荣誉，服务同学艺术发展，让艺术发生在每个人的身上。

初勇志在中国石油大学(北京)铁人王进喜塑像落成典礼作为学生代表发言

在学校的各个活动中发光发热，曾担任28场重要晚会及活动主持人，包括3次国家奖学金暨企业奖学金颁奖典礼，纪念五四运动一百周年颁奖典礼暨青春榜样分享会等。发挥朗诵特长，编排或参演11个音诗画节目。担任多个团队宣传负责人，熟练使用 PS、PR、AE 等，累计制作推送百余篇，阅读量均居前列。

初勇志在担任资源勘查工程 18-5 创新班班长兼任团支部副书记期间，构建了以思想建设为引领、以学风建设为核心、兼具人文建设、媒体宣传、志愿实践的“五位一体”的班级管理模式。带领成员积极学习理论，开展理论学习活动 50 余次，成员青年大学习 40 余期完成率达 100%、学习强国总积分 10 万分；班级成员全面综合发展，包揽专业前五名，学科竞赛奖项共获 70 余项，非智育类奖项 100 余项，累计志愿时长 1709 小时；举办的团日活动及时优质，被“V 思想”、学校官微等校级及以上媒体报道 18 次，荣获北京市级荣誉 3 项、校级荣誉 4 项：

2020 年北京高校“我的班级我的家”优秀班集体。

2020—2021 学年度北京市“先锋杯”优秀基层团支部。

2019—2020 年度北京市先进班集体。

2020—2021 学年度中国石油大学(北京)红旗团支部。

2019—2020 年度中国石油大学(北京)本科生十佳示范班集体。

2019—2020 学年度中国石油大学(北京)红旗团支部。

2018—2019 年度中国石油大学(北京)本科生优秀示范班集体。

坚守报国初心，实践青春奉献

初勇志时刻牢记青年使命，不断努力提升理论水平，积极向党组织靠拢，2020 年入选青年马克思主义者培养工程“石大训练营”，先后担任总书记重要回信精神主题展览宣讲团成员、十九届五中全会学生宣讲团成员。在总书记回信宣讲中，讲解次数位列第一，获评优秀讲解员，同时作为讲解员代表分享宣讲经历与感受，带动更多的人讲好石大故事。

2019 年，初勇志作为“圆梦宁夏爱，绘梦教育行”地学院暑期社会实践支教团成员前往宁夏开展支教活动并进行相关调研，团队获评“青年服务国家”首都大中专学生暑期社会实践优秀团队、个人获评“青年服务国家”首都大中专学生暑期社会实践先进个人。在社会实践中对福利院的学生进行爱国主义、科普等专题的教学，走入学生家中实地调研，为他们定制成长计划。作为主要撰稿人在中青校园、青春北京等平台发布了实践成果的相关报道，完成贺兰山地质、宁夏地区家庭教育观念等专题调研报告。实践结束后制作《宁夏社会实践》微电影，在中青校园、三下乡、腾讯视频上线。

初勇志为师生讲解总书记重要回信精神主题展览

2020 年，初勇志作为团队核心成员开展以“习近平新时代中国特色社会主义思想‘飞入寻常百姓家’的传播路径研究”为题的社会实践，该项目已入选 2020 年“双百行动计划”大学生社会实践项目团队。通过质性研究访谈法精准分析不同群体的认知层次和利益需求，调查、了解、总结“习思想”的现有传播路径，尝试提出新的传播路径，构建新的传播矩阵，积聚人民的力量，助力新时代发展。

初勇志自 2020 年 8 月起担任九华山世界地质公园官方科普志愿者，服务期一年。培训营期间亲身体验、用心学习，荣获“最佳小组奖”，结营后撰写的两篇科普文章已在多平台发布，在多所学校开展线下、线上科普宣讲活动，努力将地质学知识与中国故事传递给更多的人。

初勇志在疫情期间主动承担青年责任，为社会贡献青年力量。在大连市“7. 22”疫情期间作为志愿者参与到全面核酸检测的相关工作中，负责收集、整理、校对上千名核酸检测对象的基本信息。与此同时，不忘学生干部初心，铭记学生干部责任，多次举办大型线上活动：率先与“一对一”帮扶高校武汉工程大学化工与制药学院联合开展团日活动，采访多位劳动模范和抗疫先锋，为老师、学生带来温暖的力量，获得两所学校领导的一致好评，并被“V 思想”、武汉工程大学官微等多个媒体报道；参与策划、执行导演“青春抗疫，爱国力行”五四青春分享会、毕业生嘉年华等多场线上晚会，用艺术的力量对抗疫情；面向全网率先发起“资创杯”云自习抗“疫”大赛，来自 17 所高校的 1400 余人次参与其中，营造了居家学习的良好氛围。

审稿人：刘一琳

百味人生苦先行　自立自强争上游

——记第十三届中国石油大学（北京）校长奖获得者吴卓雅

吴卓雅，女，中共党员，汉族，1994 年生于黑龙江大庆。本科就读于中国石油大学（北京）地球科学学院地质工程 13-3 班，推免保送研究生，师从庞雄奇教授。曾任地质资源与地质工程研 17-4 团支部团支书、地质工程 13-3 班班长、第六届社团联合会副主席，中国石油大学（北京）大学生艺术团民乐团琵琶首席。

曾获中国大学生自强之星提名奖、北京市优秀毕业生、第十三届中国石油大学校长奖、中国石油大学（北京）优秀学生干部（连续 6 年）等荣誉称号；获大学生英语竞赛、物理竞赛、物理实验竞赛等学术竞赛国家级奖项 2 项、校级奖项 3 项；获大学生艺术展演、社会实践优秀成果奖、新生杯排球比赛、春季运动会等文体竞赛省部级奖项 2 项、校级奖项 4 项。

阴霾之下，坚持温暖向上

一夜成长，担负重任。2012 年的冬天，她还在读高三，正处于备考最为紧张焦灼的时候，一个在她眼中父亲单纯的头痛成为了 18 年成长道路中最大的一个打击——头部严重疼痛伴有遗忘症状，入院三天内确诊脑部胶质瘤，分布于脑干等处。距离高考只有 7 个月的她在情绪崩溃之余，坚定地给自己制订了两个明确的短期目标：一是照顾好父亲，二是顺利考上大学。想必每一个还生活在父母关爱下的孩子都不曾想过亲人的离开也许近在眼前，当一切发生之时，除了难过，她最想要做的就是实现家人的期待——那就是考上一个好大学，来让病床上的父亲，曾经可以满足女儿一切要求的父亲有一丝欣喜和安慰。然而不仅仅是要坚持努力学习这么简单，她感受到自己肩上还有照顾父亲的责任。每个有空闲时间的晚自习，她都会请假带着自己做的食物、切好的水果去医院，陪父亲一起吃晚饭、聊聊学校的新鲜事儿、谈谈自己的学习状况，晚上就在医院陪护，睡在一张50厘米宽的陪护床上，清晨5点多再赶去上学。父亲四处寻医问药，家里的开销越来越大，为了能够让父亲安心养病她承担了所有的债务，包括父亲公司的债务和亲友的帮助，30余万元的欠条让她清醒地意识到：一夜长大。

平稳发挥，天伦之乐。6个月的奔波和手术，从北京到广州，时间没有给父亲太多机会，身体每况愈下，记忆力逐渐减退并慢慢失去语言功能。6月8日考完最后一科的她抓紧一切时间回到父亲身边，每天陪父亲去医院接受化疗，父亲已然虚弱到走路也需要她搀扶。她希望她有限的陪伴能给父亲更多的爱，像他对自己一样，但始终觉得太少。2013年她以609分的分数被中国石油大学(北京)地质工程专业录取。同一间病房里的病友问她假期准备去哪里放松一下，她说："我哪都不去，我得陪在我爸身边。"

因为这是越过越少的时间，一秒都不愿浪费。

病情加重，日夜陪伴。当一切都好像在向好的方向发展时，就在大学报到的前20天，父亲由于肿瘤出血晕倒，连夜被送进医院。这一次父亲再也无法坐立，完全等同于瘫痪。进食、解手、治疗，一切的一切都只能在床上进行。从那以后她再也没有离开医院超过12小时过，日夜坚守，哪怕是女孩子每个月最难受的那几天。每天都按规律给父亲喂食，小心翼翼进行流食怕父亲被呛到；每天从上午8点开始进行药物治疗，甘露醇降颅压、补充钾的药物、葡萄糖、生理盐水……流水般的药物每天都要点滴到凌晨，她都会在旁边照看药物进程，不敢有丝毫怠慢，尤其是补充钾的药物，打到血液里疼的刻骨铭心，每天父亲点滴的时候都痛苦不已，她就握着他的手给他讲故事分散注意力；长期的卧床很有可能导致褥疮，上午下午晚上都会给父亲至少翻一次身，用温水擦一遍身子，防止因为褥疮造成二次伤害；只要闲下来就要帮父亲做全身的按摩，防止他肌肉僵硬萎缩……从来没有这么长的时间可以握着父亲的手，给他念念书，一口一口耐心地喂饭，认真地听他叽里呱啦的外星语言，他发脾气的时候就当作小孩一样哄他，像他曾经对孩子那样不怕脏不怕累。20天的陪伴后，她不得不离开医院去学校报到。日夜担心父亲状况的她每天都会给主治医生打两次电话询问情况，在军训基地的她为了时刻了解父亲的状况也只能偷偷违背纪律给医院打电话。然而，在军训结束后的第三天凌晨，她还是收到了最不愿意看到的消息：父亲抢救无效，已离世，甚至都还没有等她回去看最后一眼。

既已离世，替君而生。父母生时，孝是尽自己所能给他们自己的爱；父母身后，孝就是勇敢坚强地活下去，更向上更幸福地活下去，因为所有的父母都希望孩子行走在世间成为最优秀最乐观最向上的那一个。虽然父亲什么都没有留下，她始终坚信父亲对她的一切要求和期待都在身边。生前未完的孝道要继续完成，因为他一定能看到孩子的每一步成长。所以她用最短的时间从悲伤中缓过来，向着更宏大的目标前进，无论风雨。

重振旗鼓，坚定理想信念

对于她而言，虽然家里刚刚经历了大的变故，但大学生活才刚刚开始，她用最短的时间从悲伤的情绪中走了出来，并在思想、学习和学生工作中都对自己提出了新要求，努力做更好的自己。

坚定思想跟党走。吴卓雅入学之初就积极表达了自己对于党组织的向往，关心时政热点，认真学习党的各项理论、路线、方针和政策，在思想和行动上与党中央保持一致，积极参与基层党组织举行的各种活动来不断提高自己的思想政治修养。并于 2013 年 11 月成为首批入党积极分子，2014 年 11 月成为中国共产党预备党员，2015 年 11 月成为正式中共党员。本科时期，作为班级班长，她能够积极将自己的党员身份与班级工作结合，在党支部活动中加强班级积极分子的思想建设工作，带动班级成员共同进步。在大家的共同努力下，其所在支部在红色“1+1”示范活动中获得了市级的奖项。研究生期间，她主动承担所在团支部的团支书一职，面对一个全新的职务，她勤请教、肯钻研，常常向优秀团支部学习先进的思想和活动方式。她积极面对上级布置的活动要求，保质保量完成任务；在带领支部进行理论学习时，首先自己弄通文件精神内涵，并鼓励大家通过小组学习讨论的形式提升支部活动参与感，头脑风暴，集思广益，在互动交流中将思想学习深刻化。

不忘初心争上游。因为大学以前一直担任班长，强烈的责任意识和奉献精神激励着她在大学期间继续成为一名学生干部，服务老师和同学。本科期间，除了连续四年担任地质工程 13-3 班级班长外，还积极参加社团活动，加入地学院社团联合会，并留任副主席一职。2013—2016 年供职中国石油大学（北京）地学院社团联合会期间，与其他同伴共同见证了学院社团联合会的成长和突破：任职期间通过重组拆分，帮扶建立，使院社联旗下社团从一家增长到四家，帮扶增长率 300%；打造品牌活动，改革中国石油大学(北京)普通地质大赛比赛形式，校对比赛内容，加强赛制改革和题目创新，任职期间比赛受众更广，影响力更大，参与率增长 150%；活动精益求精，宣传有所突破，院社联入围全校十大微信公众号影响社团周榜前五名，公众号关注度从 438 提高到 2053，提高 472%。同时，主席团共同精简重组了社联的部门分工与职能，编写第六届社联工作手册，不断将社团工作推向合理、高效、规范的模式中。在地学院的社团评比中，经过第五届、第六届主席团的共同努力，让本来很年轻、名不见经传的院社联建设成为可以获得学院社团评比第二名的学生组织。基于在班级工作和社团工作中的良好表现，吴卓雅于 2016 年获评第十三届中国石油大学校长奖。在研究生工作期间，吴卓雅并没有因为忙碌的学习科研工作降低自己对学生工作的要求。在担任团支书的同时，凭借自己在本科期间做社团工作的经验，承担课题组及学院特色活动——自由学术报告会的组织和宣传工作，并将这个有意义的学术活动与班级、团支部建设相结合，使同学们可以与副教授、教授、甚至 973 首席、千人计划科学家、长江学者、全国优秀教师交流，这也为后期班级同学积极参加其他科研学术活动打下了坚实的基础。

追求完美做自己。作为学生，无论在社团和学生工作中投入多少精力，收获多少荣誉，都应该始终将学习放在大学生活的首要位置，关注行业要求，立足打好专业知识基础。本科期间，三年综合测评排名分别为 15/113、2/154、9/154，并于 2017 年以 17/207 推免中国石油大学(北京)地球科学学院地质资源与地质工程学术型硕士研究生，课程平均 GPA 3. 88；同时也参与各类学科竞赛提高自己，获评 2015 年全国大学生英语竞赛国家级三等奖、2014—2015 年中国石油大学(北京)物理竞赛二等奖、2014—2015 年中国石油大学(北京)物理实验竞赛二等奖，凭借优异的学习成绩和学生工作在 2017 年有幸获评北京市优秀毕业生。在 2018 年、2019 年研究生综合测评中，以综合测评排名 6/85、9/77，课程平均分 92. 19 的成绩连续两年获校一等奖学金，学科竞赛中获 2018 年全国大学生英语竞赛校级二等奖、2019 年全国大学生英语竞赛国家级二等奖。在科研方面，协助导师完成论文《全球天然气水合物资源潜力评价与开发风险》(*Gas Hydrate in the World: Resource Potential and Development Risks*)，并承担横向项目《华北油田富油区带地层岩性油藏成因机制与富集规律研究》工作，以通讯作者身份发表中文核心论文1篇，合作作者身份发表SCI论文5篇。2018年10月参加第五届非常规油气地质评价学术研讨会(UOGE2018)，2019年9月参加美国地质学会年会(GSA)并做口头汇报。

吴卓雅参加志愿服务活动

在学习之余，吴卓雅文体兼顾，兴趣广泛。曾任中国石油大学(北京)艺术团民乐团琵琶首席，组织参演大型演出企业奖学金颁奖典礼和北京市大学生艺术展演、青年艺术节等，获评2014年北京市大学生艺术展演器乐组二等奖，曾获校级文体类奖项6项。她具备较强的社会责任感与服务意识，积极参加学校、学院举办的社会实践活动，在校期间参与3项社会实践，曾获北京市暑假社会实践优秀成果奖、中国石油大学(北京)暑期社会实践二等奖。

除积极参与践行社会活动外，她秉承着“知足感恩，尽己所能”的理念去服务帮助别人。积极参与支教、关注残障儿童等志愿活动，同时也参与专业相关的国家级比赛志愿活动，2016年担任第一届全国油气地质大赛志愿者。

中国石油大学(北京)在近7年的时间里见证了她的成长、蜕变，有很多优秀的老师、同学在用扎实的科研基础、一丝不苟的钻研精神、坚定的社会使命感潜移默化地激励着吴卓雅不断前进。我们要相信世界上没有无法逾越的鸿沟，也从不会有难以实现的梦想。也许有一天，你我都可能会面对艰辛和困苦，但绝不低头、不放弃、不灰心，不丧志。永远笑对风雨，心系阳光，终将有一天，我们能够成为那迎着阳光、乐观无畏的更耀眼的自己。

审稿人：高思航

锐意进取　脚踏实地　全面发展　创造不凡

——记第十六届中国石油大学(北京)校长奖获得者陈怡婷

陈怡婷，女，汉族，1995 年 12 月出生，河北唐山人，2015 年 6 月加入中国共产党，2017 年 9 月进入中国石油大学(北京)地球科学学院地质学专业就读硕士研究生，在校期间曾担任中国石油大学(北京)AAPG(美国石油地质学家协会)学生分会主席、地质学研 17-1 班班长兼团支部副书记、研 17 级盆地与油藏研究中心党支部宣传委员。陈怡婷曾获国家奖学金、研究生国家奖学金、中国石油企业奖学金等国家级奖项 7 项，中国石油大学校长奖、校级优秀学生干部、校级三好学生等校级奖项 15 项，带领班级获“2018—2019 年度首都大学、中职院校先锋杯优秀团支部”等省部级、校级集体荣誉 3 项。在校期间成绩优异，综合排名专业第二，同时积极参加科研项目、国内外学术会议等，共发表学术论文 4 篇，获得国家级科研竞赛奖项 2 项、校级 2 项。

以学术社团为抓手，彰显新时代石油地质学子“爱业心”

2018 年 6 月，陈怡婷开始担任校 AAPG 学生分会主席一职。秉着“请进来”的学习思想，她带领 AAPG 学生分会开展中国区第二届 VGP 活动，邀请国际青年石油地质学家——印度尼西亚地质学家协会(IAGI)秘书长来校访问，组织北京大学、中国石油勘探开发研究院等 AAPG 分会成员共同参加，进行经验交流分享。活动期间邀请地学院知名教授金振奎、杨明慧带队赴天津蓟县进行野外地质考察，真正做到将专业理论与实践相结合；作为特色鲜明的学术型社团，本着“立足学术，搭起国内外知识沟通桥梁，服务学生”的宗旨，她带领社团举办“学术沙龙”系列讲座、国际视野分享交流会，与留学生社团 ISAIP 开展联谊活动，同时结合专业特色举办“师说心语”视频采访、

“地学之窗”文章分享、“助力校招”等系列活动，丰富前期地质资料库，助推学科发展，构建地球科学学术交流平台。

秉着“走出去”的社团发展理念，在学校、学院领导的支持下，她积极带领社团走向国际化舞台。2018 年 3 月，她带领分会成员参加第十一届国际石油技术大会，与 AAPG 总部负责人、亚太区执行理事进行面对面交流沟通，向他们介绍中国石油大学(北京)AAPG 分会各项工作的开展情况，得到了总部负责人们的一致好评。

陈怡婷获第十六届中国石油大学校长奖

AAPG 学生分会作为学院专业知识传播的先行社团，在举办各类学术讲座、研讨交流的同时，也担负着承办全国油气地质大赛、IBA 竞赛、康菲石油“未来之路”能源创新研究项目等石油地质领域创新创业竞赛的重任，在陈怡婷的组织带领下，各项竞赛活动任务均圆满完成。同时，作为 AAPG 中国区中最早成立的分会，为提升学校对外影响力，在学院领导、指导老师的支持与配合下，陈怡婷带领成员们积极配合克拉玛依校区分会、北京大学分会、中国石油勘探开发研究院分会等多个兄弟院校分会的成立与发展，为兄弟院校提供相关经验，扮演好中国石油大学(北京)在中国区 AAPG 分会中的牵头者角色。

以内外兼修为目标，呈现新时代知行合一团干“奉献心”

作为研17级盆地与油藏研究中心党支部宣传委员，陈怡婷负责运营支部微信平台公众号，记录并宣传支部的各项会议及活动，从每个月的组织生活会到“缅怀先烈，风骨永存”爱国主义教育活动，带领支部成员积极响应校党委的号召，继承和发展光荣革命传统；作为班长，陈怡婷积极响应共青团中央“青年大学习”的号召，组织班级开展团课、团日活动21次，从“不忘初心，砥砺前行”团课到组织“研习两会精神，奋进新时代”团学活动，从举办团员推优大会到建立“线上支部大学习”平台，各项活动的开展均得到了班级同学们的积极支持与配合。

在校期间，她组织开展班级实践活动9次、主题班会15次，营造良好班级氛围，个人两次获评校级优秀学生干部。2018年11月，通过校级审核答辩，地质学研17-1团支部以研究生支部第一名的成绩获得2017—2018学年度中国石油大学(北京)“红旗团支部”荣誉称号；2018年12月，她带领地质学研17-1班以第二名的成绩获得2018年中国石油大学(北京)研究生十佳集体荣誉称号；2019年6月，地质学研17-1班获评共青团北京市委员会颁发的2018—2019年度首都大学、中职院校先锋杯优秀团支部荣誉称号。

以全面发展为理想，诠释新时代奋发有为青年“进取心”

2017年9月，陈怡婷以推免生身份进入盆地与油藏研究中心攻读硕士学位，经过研究生三年的不懈努力，以综合排名专业第二的成绩获得研究生国家奖学金；在导师的带领下，她积极参与多个科研项目、国内外学术会议，发表科研论文4篇；在科研竞赛中获得第三届全国油气地质大赛研究生学术论坛优秀展板、第八届中国石油工程设计大赛单项组国家三等奖、第八届研究生学术论坛校级二等奖等奖项。

陈怡婷合理利用暑期时间，通过面试进入中国石化石油勘探开发研究院海外勘探与项目评价研究所担任地质助理工程师，配合项目组老师进行科研项目工作，向研究院前辈们虚心讨教，协助项目发表期刊专栏报道，提升自身科研能力。

为践行“求真力行”要求，陈怡婷积极投身各项社会实践，从“农业嘉年华”志愿者到手语支教老师，从“石英计划”团校培训到学生党员“先锋工程”社会实践，她用实际行动做出了社会责任感的最好表率。她也积极参与校级各项文体活动，获得校运会女子接力季军、辩论赛最佳辩手等荣誉称号，并担任校级迎新文艺晚会主持人。

在地学院党委的领导下，学院文化不断继续沉淀，感染着一批又一批青年学生奋发图强，实现价值。陈怡婷相信只有不断进取，才有不断的创新和成长；只有勇于开始，才能找到成功之路。在未来的学习生活中，她将以梦为马，不负韶华，不懈努力，再创佳绩！

审稿人：高思航